지은이 **롤프 모리엔**Rolf Morrien

뮌스터대학교와 비엔나대학교에서 역사학, 경제학, 정치학을 전공했다. 졸업 후 경제 전문 저널리스트가 되어 독일 언론사 《악치엔아날뤼젠Aktien-Analysen》의 편집자로 일했다. 2002년부터 주식 정보 사이트를 운영하고 있다. 저서로는 독일 아마존 베스트셀러에 오른『쉽게 이해하는 주식Börse leicht verständlich』,『실전에 적용하는 주식정보 Börseganz praktisch』,『잃지 않는 투자법Verschenken Sie kein Geld!』등이 있다.

하인츠 핀켈라우 Heinz Vinkelau

뮌스터대학교에서 국민경제와 경제사를 전공했다. 15년간 출판사에서 편집자로 일하다가 현재는 창업 컨설턴트로 활동하고 있다.

감수 **이상건**

미래에셋투자와연금센터 대표로 일하며 어려운 경제 지식을 일반 대중에게 쉽고 재밌게 전하는 다양한 활동을 이끌고 있다. 서강대 신문방송학과를 졸업했고 동부생명, 한경 와우TV 기자를 거쳐 경제주간지《이코노미스트》의 금융 및 재테크 팀장을 지냈다. 저서로는『부자들의 개인 도서관』,『부자들의 생각을 읽는다』,『돈 버는 사람은 분명 따로 있다』등이 있으며, 감수한 책으로는『조지 소로스, 금융시장의 새로운 패러다임』,『피터 린치의 이기는 투자』,『가치투자의 비밀』외 다수가 있다.

번역 **강영옥**

덕성여자대학교 독어독문과를 졸업하고 한국외국어대학교 통역번역대학원 한독과에서 공부한 후, 여러 기관에서 통번역 활동을 했다. 현재 번역 에이전시 엔터스코리아에서 번역가로 활동 중이다. 옮긴 책으로는『말의 마지막 노래』,『아   자연의 비밀 연대』,『호모 에렉트   트워크』,『바이러스』,『200세 시   『워런 버핏』등 다수가 있다.

더 클래식 피터 린치

First published as
"Alles, was Sie üer Peter Lynch wissen müsen"
by Rolf Morrien, Heinz Vinkelau
© 2020 by FinanzBuch Verlag,
ein Imprint der Muenchner Verlagsgruppe GmbH, Munich, Germany.
www.finanzbuchverlag.de.

Korean Translation Copyright © 2022 by Dasan Books Co., Ltd.
Korean edition is published by arrangement
with Münchner Verlagsgruppe GmbH, Munich
through BC Agency, Seoul

피터 린치

전설로 떠난 투자의 영웅

Peter Lynch

더 클래식

폴드 모리엘·하인츠 판 칼라우 지음 | 강영옥 옮김 | 이상건 감수

다산
북스

"제가 할 수 있다면 당신도 할 수 있습니다."[1]

- 피터 린치

펀드매니저,
월가의 전설이 되다

피터 린치는 현대 주식의 역사에서 가장 성공한 펀드매니저일 것이다. 그는 투자에 대해 이렇게 말했다. "투자는 재미있고 흥미로운 일이다. 투자에 대해 더 많이 알수록 몇배나 더 풍성한 경험을 할 수 있다. 투자는 인생을 더욱 가치 있게 만들어준다."[2] 그러나 그는 투자가 인생의 행복보다 우선할 수는 없다고 생각했다. 그는 한창 전성기를 구가했을 때, 조금만 더 나아가면 엄청난 부와 명예를 얻을 수있는 황금 롤러코스터에 오르기를 마다하고 스스로 투자에서 손을 뗐다. 그가 펀드매니저로 일한 기간은 고작 13년에 불과했지만 그가 증권계에 남긴 선한 영향력은 아직까지도 건재하다. 대체 그는 어떤 삶을 살았고, 어떻게 투자에 임했을까?

과거 수십 년 혹은 수백 년 동안 성공적인 길을 걸어온 투자의 귀재들이 있다. 그리고 이들의 투자 전략은 이미 검증되었다. 그런데 왜 사람들은 이미 검증된 전략을 놔두고 엉뚱한 곳에서 길을 찾으려는 걸까? 대가들의 전략을 모방하는 것은 결코 부끄러운 일이 아니다. 오히려 어떤 전략이 성공적인지 알고, 이해하고, 그로부터 새로운 전략을 발견해 실천에 옮기는 남다른 능력을 발휘해야 한다.

투자를 하는 사람들이 잊고 있지만 그 어떤 격언보다 진실에 가까운 격언이 있다. "사람들은 10만 달러를 잃을 때까지 온갖 멍청한 짓을 한다." 사람들은 대체 왜 검증된 투자법을 무시한 채 자신의 아이디어만 고집할까? 그렇게 실수를 되풀이하다 빈털터리가 되어서야 과거를 후회하고 절망하는 것일까? 우리는 모든 실패의 근원에는 무지가 자리하고 있다고 생각했다.

물론 이 책 한 권으로 전설적인 투자가들의 어린 시절을 전부 들여다볼 수는 없지만, 그럼에도 당신은 이 책을 통해 그들이 어떤 과정을 통해 배웠고 어떤 특성을 가진 인물로 성장했는지 알게 될 것이다. '더 클래식' 시리즈 1부에서는 먼저 전설적인 투자가들의 성장 과정을 다룬다. 2부에서는 위대한 투자가들의 투자 성공기와 그들만이 가진 전략을 소개한다.

투자의 귀재들에게서 투자법과 철학을 배운다면 잘못된 길로 빠질 가능성이 현저히 낮아질 것이다. 물론 그들의 전략을 그대로 베끼라는 뜻은 아니다. 이미 큰 성공을 거둔 투자가들의 결정 과정과 방식을 이해하면 투자에 도움이 된다는 이야기다. 이러한 관점에서 트렌 그리핀Tren Griffin이 쓴 『워런 버핏의 위대한 동업자, 찰리 멍거』는 유용한 책이다. 이 책에서 그리핀은 이렇게 말했다.

  "찰리 멍거Charles Munger와 워런 버핏처럼 성향이 비슷한 사람도 없을 것이다. 이들의 롤모델은 많은 사람이 본받고 싶어 하는 벤저민 프랭클린Benjamin Franklin이었다. 다만 그를 영웅으로 숭배하기보다는 그의 품성, 성격, 체계, 인생에 대해 진지하게 고민했다. 특히 멍거는 수백 편의 자서전을 읽는다. 직접 체험하지 않고 다른 사람의 실패를 교훈으로 삼는 것은 가장 빠르게 똑똑해지는 방법이기 때문이다."

바로 이것이 주식 투자로 바로 수익을 내지 못해도 위대한 투자의 거장들이 꿋꿋이 버틸 수 있었던 힘이었다. 워런 버핏Warren Buffett은 현대 주식 시장 역사상 가장 유명하고 성공한 투자자로 손꼽힌다. 그는 입버릇처럼 "투자는 단순하지만 쉬운 일은 아니다"라고 말했다. 그의 영원한 파트너인 찰리 멍거 역시 "단순한 아이디어를 진지하게 다루라"라고 이야기한다. 이처럼 투자에 성공하는 데에 어떤 신묘한 재주나 비법이 필요한 건 아니다.

우리가 '더 클래식' 시리즈를 통해 소개하는 전략 역시 대부분 아주 단순하다. 하지만 가슴에 손을 얹고 생각해 보기 바란다. 그토록 기초적이고 간단한 투자의 규칙 중에서 제대로 알고 있거나 실전에 활용하는 내용이 단 하나라도 있는가? 우리는 왜 이토록 검증된 투자법을 그동안 외면해 왔을까? 이 책이 그러한 문제의식에 답하는 첫 번째 공부가 되길 바란다.

주식에 미친 사나이의
투자 조언

아마도 국내 주식 투자자들이 가장 사랑하는 해외 펀드매니저의 순위를 매기면 앞자리에 반드시 놓일 인물 중 하나가 피터 린치일 것입니다. 한국에 소개된 그의 책 세 권 모두 스테디셀러로 자리를 잡았을 정도로 그를 향한 투자자들의 관심과 애정은 꾸준합니다. 린치가 보여준 탁월한 투자 성적표와 그가 행동으로 증명한 실전적인 투자 아이디어가 세월이 흘러도 투자자들에게 많은 영감을 주기 때문이 아닐까 싶습니다.

피터 린치라는 사람을 한마디로 정의하면 어떻게 부를 수 있을까요? 저는 그를 '주식에 미친 사나이'라고 부르고 싶습니다. 어찌 보면 피터 린치는 주식계의 살아 있는 전설인 워런 버핏이나 정성적 분석의 중요성을 일찍이 간파해 투자에 적용한 필립 피셔에 비하면 다소 평범한 투자자로 보일 수도 있습니다.

하지만 린치가 일반 투자자로서 정말 대단했던 점은 언젠가는 반드시 오를 수밖에 없는 소수의 종목에 집중하지 않고, 이 세상 어딘가에 존재하는 크고 작은 수천 개의 종목을 찾아내 매매했을 뿐만 아니라, 언제든지 더 좋은 아이디어나 종목이 나타나면 서슴지 않고 주식을 사고팔면서 역동적으로 자금을 운용했다는 사실입니다. 한자리에 가만히 앉아서 사과가 떨어질 때까지 기다리는 것은 쉽죠. 하지만 열매가 떨어질 만한 곳을 예측해 찾아다니는 것은 쉽지 않습니다. 그러면서도 린치는 투자 대가들의 수익률을 초월하는 엄청난 수익률을 장기간 유지했습니다.

주식 투자에는 '회전율'이라는 지표가 있습니다. 일정 기간 동안 펀드매니저가 얼마나 자주 자산을 사고팔았는지를 보여주는 지표인데, 미국에서 이뤄진 한 회전율 관련 연구에 따르면 회전율이 낮은 펀드일수록 대부분 장기 수익률이 높은 것으로 나타났습니다. 그러나 린치만은 예외였습니다. 그는 아침부터 밤늦게까지 오직 주식에만 전념했습니다. 세상에 존재하는 거의 모든 주식을 살피고 또 살피며 남들이 아직 발견하지 못한 기회를 찾아냈습니다. 그리고 이런 자세는 책임감 있는 펀드 관리자가 어떤 직업적 윤리를 가져야 하는지 생생하게 보여주는 전범이기도 했습니다.

* * *

이토록 늘 최선을 다해 계좌를 관리한 린치의 투자 성적표는 어땠을까요? 그를 상징하는 펀드인 '피델리티 마젤란 펀드'의 13년간 운용 누적 수익률은 무려 2700퍼센트였습니다. 1970년 1800만 달러에 불과했던 펀드 자산은 그가 퇴임하던 1990년에는 140억 달러로 불어나 있었습니다. 이것은 미국을 넘어 당시 전 세계 펀드 시장에서 가장 거대한 자산 규모라고 합니다. 심지어 에콰도르의 GNP(국민총생산)보다도 더 큰 규모였습니다. 린치가 운용한 이 펀드의 가입자 중 90퍼센트는 미국의 베이비붐 세대였고, 100가구 중 1가구가 마젤란 펀드에 가입해 있었다고 합니다. 그야말로 국민 펀드였고 이 펀드의 선장이었던 피터 린치는 미국인들의 '국민 펀드매니저'였습니다.

더욱 놀라운 것은 이 펀드가 미국 증시 역사상 최대 하락폭을 기록했던 1987년 블랙 먼데이(1987년 미국 증권 시장에 불어닥친 주가 대폭락 사건) 때도 상승으로 마감을 했다는 사실입니다. 린치가 운용을 맡은 13년 동안 마젤란 펀드는 단 해도 마이너스 없이 유지됐습니다. 세계 최대 규모의 펀드를 운용하면서 단 한 해도 마이너스를 기록하지 않았다는 사실만으로도 그가 얼마나 치열하게 이 펀드를 관리했고 주식에 몰두했는지 알 수 있습니다.

한두 번의 비는 피할 수 있어도 집이 통째로 날아갈 것 같은 큰 폭풍우는 피할 수 없는 법입니다. 주식 시장에 대폭락의 전조가 닥치면 제아무리 경험이 많고 뛰어난 투자가 일지라도 지레 겁부터 먹고 이성적인 판단을 할 수 없게 됩니다. 하락장에서는 잘해야 본전이고, 대다수의 투자자가 큰 손실을 떠안을 수밖에 없죠. 위기를 감지하고 모든 물량을 매도하거나 하락장에 역으로 베팅하는 '공매도'를 시도하는 것 말고는 피할 길이 없기 때문입니다. 사람들은 너도나도 가격이 더 떨어지기 전에 투매를 일삼고 시장을 빠져나갑니다. 이를 '패닉 셀링panic selling'이라고 부릅니다.

불특정 다수의 자금이 모인 '공모 펀드'는 특히 더 패닉 셀링에 취약합니다. 아무리 장기적으로 유망한 종목을 보유하고 있더라도 투자자들이 환매에 나서면 어쩔 수 없이 주식을 팔아 돈을 돌려줘야 하기 때문이죠. 블랙 먼데이는 대표적인 패닉 셀링의 시기였습니다. 이런 시기에 수백만의 이해관계가 얽히고설킨 공모 펀드를 운용하면서 플러스 수익률을 기록했다는 것은 정말 대단한 일이었습니다.

린치의 위대함을 드러내는 또 다른 증거는 그가 '규모의 딜레마'에 빠지지 않았다는 사실입니다. 펀드 수익률에 대한 연구에서 일관되게 나오는 결론 중 하나가 바로 '펀드 규모가 클수록 수익률이 나빠진다'는 것입니다. 투자자들의 자금이 계속 들어오면 물론 좋은 일이지만, 펀드매니저는 이 추가 자금으로 새로운 주식을 끊임없이 사들여야 합니다. 처음엔 자신이 생각하는 최고의 종목을 사들이면 되기 때문에 큰 문제가 없습니다. 하지만 시간이 흐를수록 해당 종목의 평균 매입가는 점점 높아질 것입니다. 왜냐하면 시간이 흐를수록 해당 종목의 주가가 계속 오를 것이기 때문입니다. 따라서 펀드매니저가 평균 매입가 상승의 함정에서 벗어나기 위해선 완전히 새로운 우량 종목을 끊임없이 발굴해 내야만 합니다.

하지만 새 종목을 찾는 것에도 명확한 한계가 있습니다. 계속해서 새 종목을 매수하다 보면 결국 보유 주식의 개수가 기하급수적으로 많아지게 되고, 궁극적으로는 결국 시장 수익률과 비슷해지는 현상이 나타나는 것이죠. 굳이 비싼 수수료를 내면서까지 시장 수익률을 겨우 웃도는 펀드에 돈을 맡기려는 투자자가 있을까요? 시장 수익률에 수렴할수록 펀드 가입자들은 수수료가 훨씬 저렴한 인덱스 펀드 쪽으로 돈을 옮기게 되고, 그러다 보면 자연스레 그 펀드는 사라지고 마는 것이죠. 이것이 바로 주식 펀드 시장의 '규모의 딜레마'입니다.

물론 마젤란 펀드 역시 규모가 커질수록 수익률 둔화 현상이 나타나긴 했지만, 여타 펀드보다 그 둔화 속도는 비교할 수 없을 정도로 느렸습니다. 린치는 대체 이 규모의 딜레마를 어떻게 극복했을까요? 그 비결 중 하나가 해외 투자입니다. 린치는 펀드 규모가 커질수록 그에 발맞추어 유럽과 일본 등 전 세계를 대상으로 한 투자 계획을 적극적으로 수립했습니다.

당시 마젤란 펀드는 투자 지역과 대상에 제한이 없는 펀드였습니다. 참고로 현재 국내 주식형 펀드는 오로지 국내 주식만 사야 합니다. 만약 국내 주식과 해외 주식에 모두 투자하기 위해서는 다른 형태로 상품 인가를 받아야 하죠. 주식 비중도 무조건 60퍼센트 이상을 유지해야 합니다. 펀드 매니저가 향후 주식 시장의 전망을 안 좋게 보더라도 펀드의 60퍼센트는 반드시 주식으로 채워 넣어야 하는 것입니다. 하지만 마젤란 펀드는 이런 제한이 없었기 때문에 지역과 분야를 가리지 않고 오직 장기적으로 수익률을 높일 수 있는 종목이라면 과감하게 투자했습니다. 물론 투자 대상의 범위를 확장하는 것은 아무 펀드매니저나 할 수 있는 일이 아닙니다. 게다가 오늘날처럼 인터넷을 통한 정보 교류가 원활하지 않은 시기에 숨은 보석 같은 종목을 찾아낸다는 것은 정말 주식에 미친 사람이 아니고서는 결코 해낼 수 없는 일이었죠.

* * *

피터 린치는 펀드매니저로서뿐만 아니라 주식 투자 저술가로서도 대단한 성공을 거두었습니다. 그의 책 『전설로 떠나는 월가의 영웅』은 전 세계 주식 투자자들에게 고전으로 여겨지고 있습니다. 무협지처럼 술술 읽히는 가독성, 산전수전 다 겪은 저자의 다채로운 경험담, 일상에서 발굴해낸 종목 선택의 아이디어 덕분에 지금까지도 여의도 펀드매니저들 사이에서 이른바 '주식 교과서'로 인정받으며 널리 읽히고 있습니다. 이 밖에도 『피터 린치의 이기는 투자』, 『피터 린치의 투자 이야기』 등 주식 입문자라면 한 번

쯤 읽어봤을 저서를 여러 권 집필했습니다.

피터 린치의 책들에서 우리가 발견할 수 있는 것은 주식에 대한 그의 확고부동한 신념입니다.

> "주식에 투자하라! 여러분이 이 책을 읽고 주식 투자
> 를 결심했다면 나는 그것만으로도 이 책을 쓴 보람이
> 있을 것이다."

린치에게 주식은 '선택 과목'이 아니라 '필수 과목'이었습니다. 그런데 이 필수 과목을 이수하기 전에 한 가지 해결해야 할 과제가 있습니다. 바로 '주택 마련'입니다.

린치는 주택을 먼저 마련하는 행위를 일종의 '예방 전략'으로 보았습니다. 장기적으로 시장을 평가할 때 인플레이션은 피할 수 없는 고정값입니다. 린치는 화폐 가치의 하락을 가장 효과적으로 방어할 수 있는 수단은 오직 부동산뿐이라고 생각했습니다. 주식 투자에 실패하더라도 최악의 상황은 피할 수 있기 때문이죠. "당신의 일상을 해치지 않

을 정도로만 투자하라. 그 돈을 모두 잃어도 된다는 생각이 들지 않는다면 투자를 멈추는 것이 현명하다."

자, 주택 마련이라는 과제를 끝냈다면 본격적으로 린치가 권하는 투자 조언의 세계로 들어가볼까요. 아마 피터 린치의 투자법을 한마디로 요약한다면 '생활 속의 발견'이라고 부를 수 있을 것입니다. 그의 투자법은 대표적인 톱다운 방식의 투자자 짐 로저스Jim Rogers나 역발상 투자법으로 유명한 존 템플턴John Templeton에 비하면 무척 소박하고 평범했습니다. 평소 가족들과 마트에 가서 장보기를 즐겼던 피터 린치는 일상에서 발견한 브랜드와 기업을 투자로 연결하는 데 익숙했습니다. 그는 마트에서 아내와 자녀들에게 돈을 주고는 가장 마음에 드는 물건을 사오라고 주문한 뒤 그것들을 하나하나 살펴보며 투자 아이디어를 모았다고 합니다.

실제로 린치는 자신이 가장 큰 수익률을 거둔 종목들은 아내와 딸들과 쇼핑하면서 발견한 것이라며 자랑하기도 했습니다. 아내가 애용하던 스타킹 브랜드(헤인즈), 딸들이 좋아하는 프랜차이즈 식당(타코벨), 그리고 아침마다 식사 대신 먹었던 도넛과 커피를 파는 가게(던킨 도너츠) 등등. 그가 일상에서 발견해 10루타Ten-bagger(매수가의 10배가 된 주식)를 때려낸 종목들을 살펴보면, '나도 린치처럼 할 수 있겠다'는 근거 없는 자신감(?)마저 불러일으킬 정도입니다. 린치는 '잘 알지도 못하면서 언론에 자주 등장했다는 이유만으로 침대에 누워 대충 고른 종목들로는 절대 높은 수익률을 거둘 수 없다'라고 충고하며 '늘 머무는 일상에서, 일하는 업종에서 종목을 선택하는 것이 가장 좋은 종목 발굴 요령'이라고 쉼 없이 강조했습니다.

* * *

그렇다면 이런 의문이 들 수 있습니다. "개인 투자자에게 가장 적합한 주식 종목 개수는 몇 개일까?" 물론 이에 대한 정답은 있을 수 없습니다. 사람마다 투자 규모가 다르고 성향과 지식도 천차만별이기 때문입니다. 피터 린치는 몇 개의 종목에 투자하는 것이 좋다고 추천할까요? 하지만 그 전에 "아무 생각 없이 다양한 종목에 투자하는 것은 개미 투자자들에게 끔찍한 일"이라는 조언부터 마음속에 새기면 좋겠습니다. 보유 종목의 개수는 다다익선이 아닙니다. 많이 보유하고 싶다면 인덱스 펀드를 통해 시장을 사버리면 됩니다. 린치의 답안은 이렇습니다.

> "나는 소액 투자 계좌의 경우, 3개의 종목에서 10개 종목 정도에 투자하는 것이 적합하다고 생각한다."

아무리 많아도 10개 이상은 투자하지 말라는 충고입니다. 그 이상이 되면 주기적으로 기업을 분석하는 것도 쉽지 않고, 사후 수익률 관리도 어렵기 때문입니다. 명심하기 바랍니다. 우리는 린치처럼 종일 주식에만 매달리는 전업 투자자가 아닙니다. 그 무엇보다 먼저 자신의 본업을 챙겨야 하고 개인적인 일상도 놓쳐선 안 됩니다. 이를 위해서는 자신이 감당할 수 있는 수준의 종목 수를 결정하고, 더 좋은 투자 종목이 나타나면 과감하게 교체하는 방식이 훨씬 현명한 투자법입니다.

주식 투자를 한 번쯤 해본 사람들은 알겠지만 사는 것보다 파는 것이 훨씬 어렵습니다. 오히려 사는 건 정말 쉽죠. 증거금을 내고 주문만 하면 되니까요. 물론 팔 때도 그냥 매도 버튼을 누르면 됩니다. 하지만 매도 기준을 세우는 것은 매수 기준을 세우는 것과는 차원이 다른 일입니다. 그럼 린치는 어떤 때 주식을 팔아도 된다고 조언했을까요? 그의 매도 기준은 무엇이었을까요?

- PER이 많이 상승했거나 업계 평균보다 훨씬 높아 졌을 때
- 매출이나 제품에 대한 수요가 급격히 감소했을 때
- 회사 주차장이 부족할 정도로 재고가 증가했을 때

여기에 해당되는 종목이라면 과감하게 팔아야 합니다. 매입 가격을 생각하지 말고 무조건 매도하라는 것입니다. 이 세 가지만 제때 파악해 자신만의 매도 시점을 포착해 낸다면 절대 마이너스 수익률을 기록할 일은 없을 것입니다. 또한 그 타이밍을 잘 예측하기 위해서라도 너무 많은 종목을 보유하고 있어선 안 됩니다. 주식을 사고 파는 시점을 스스로 통제할 수 있을 만큼의 적정한 종목 수를 유지하는 것

이 이래서 중요합니다. 주기적으로 포트폴리오를 점검하고 기업에 어떤 변화가 일어났는지 파악하면서 이상 신호가 감지될 때 과감하게 움직일 수 있어야 합니다.

*　*　*

린치를 투자가로서 더 위대하게 만들어준 것은 그가 펀드 매니저로 최정점에 이른 시기에 돌연 투자계에서 은퇴했다는 사실입니다. 그는 최고의 자리에서 스스로 내려왔습니다. 가족과 함께하겠다는 이유로 말이죠. 필자뿐만 아니라 적지 않은 사람들이 이런 궁금증을 갖습니다. '과연 피터 린치가 계속 펀드를 운용했다면 실적이 어땠을까?' 아마 그가 펀드 자체를 완전히 망가뜨리지는 않았겠지만 전설로 남은 지난 13년간의 실적에 필적하는 수익률은 보지 못했을 것이라는 평가가 지배적입니다. 천하의 피터 린치라 할지라도 막대한 규모의 펀드를 운용하며 계속해서 높은 수익률을 갱신하기란 현실적으로 불가능한 일이기 때문이죠.

린치는 처음부터 끝까지 사람들에게 주식 투자를 권했습니다. 누구나 올바른 방법을 통해 주체적으로 투자에 임한다면 큰돈을 벌 수 있을 뿐만 아니라 윤택하고 행복한 삶을 살 수 있으리라고 믿었습니다. 이처럼 주식에 대해 확고한 신념을 가진 린치는 주가 하락을 어떻게 생각했을까요? 우리를 힘들게 하는 '하락장'에 대한 피터 린치의 조언을 되새기며 감수의 글을 마치고자 합니다. 그가 남긴 '하락장을 버텨내기 위한 조언'을 가슴에 깊이 새기고 부디 현명한 결정을 하기 바라며, 주식에 진심이었던 사나이 피터 린치의 삶과 철학을 다룬 이 책을 통해 많은 사람이 투자의 재미를 만끽하길 바랍니다.

- 좋은 회사 주식을 샀다면 끝까지 쥐고 있어라.
- 주식 투자로 실패하는 지름길은 딱 하나다. 겁이 나서 도망치는 것이다.
- 패닉에 관한 뉴스가 들리면 일단 무시하라. 주식은 기본 데이터의 수치가 크게 안 좋아졌을 때만 매도하라. 베어마켓이라고 해서 지구가 멸망하는 것은 아니다.

- 주식에 투자하고 싶지만 시간과 인내심이 부족한 성격이라면 주식형 펀드를 매수하라. 단, 시도 때도 없이 이 펀드에서 저 펀드로 갈아타는 것은 합리적이지 않다.

미래에셋투자와연금센터 대표

이상건

목 차

1부 피터 린치의 삶
영웅이 되기를 거부한 영웅

2부 피터 린치의 투자 철학

법칙 따위는 존재하지 않는다

1부
피터 린치의 삶

영웅이 되기를
거부한 영웅

나도 한때는 주식에 중독된 삶을 살았다.[3]

골프장에서
주식을 배운 소년

──────── 1944 ────────

1944년 1월 19일 추운 겨울날 보스턴 병원에서 한 아이가 태어났다. 당시 이 사내아이가 한 시대를 주름잡는 주식의 대가가 되리라는 사실은 그 누구도 예상하지 못했다.[4] 이 아이의 이름은 피터 린치, 그는 훗날 월가의 영웅으로 칭송받으며 역사상 가장 성공한 펀드매니저로 사람들의 입에 오르내렸지만, 자신을 우상화하는 것을 상당히 불편해했다. 특히 (지금은 자신의 가장 유명한 수식어가 된) '슈퍼 레전드 Super Legend 피터 린치'와 같은 표현을 한사코 거부했다.

그는 평범한 아마추어도 조금만 공부하고 노력하면 주식 투자에서 얼마든지 큰 성공을 거둘 수 있다고 믿었다. "타고난 투자자는 동화 속에나 나오는 인물이다."[5] 그는 자신에게 덧씌워진 수많은 칭호와 찬사를 철저히 무시하며 베스트셀러 『전설로 떠나는 월가의 영웅』 초판의 서두에서 확실하게 밝혔다. "나는 날 때부터 투자자가 아니었다. 펠레는 아주 어릴 때부터 축구를 했다고 하지만 나는 어렸을 때 신문의 주식 섹션에 관심을 가져본 적도 없었다."[6]

1920년대 말 주가 대폭락과 세계 경제 대공황을 생생하게 체험한 린치의 가족이 주식 투자를 어떻게 바라봤을지는 굳이 말하지 않아도 눈에 선하다. "1929년 블랙 프라이데이를 직접 겪은 후 우리 가족은 그 누구도 주식에 대해 더 알려고 하지 않았다."[7] 물론 참담했던 대공황 이후 미국의 주식 시장은 다시 회복했지만 린치의 가족은 여전히 주식 투자를 철저히 금했다. "삼촌의 말을 듣고 자란 나는 주식 투자가 음침한 뒷골목에서 불법 도박을 하는 것과 비슷한 행위라고 생각하며 자랄 수밖에 없었다."[8]

피터 린치가 일곱 살이었을 때 아버지가 뇌종양 판정을 받았고, 3년 후 세상을 떠났다. 그의 아버지는 원래 보스턴칼리지 수학과 교수였는데 대형 회계법인에 입사해 승승장구하던 중이었다. 가장이 사망하자 가세는 급격히 기울었고 린치의 가족은 힘든 시기를 보냈다. 그의 어머니는 공장에 취직했고 린치는 등록금이 비싼 사립학교에서 저렴한 공립학교로 전학해야 했다.[9]

가족의 생활고를 덜기 위해 린치는 돈벌이가 되는 아르바이트를 찾았고, 열한 살 때 보스턴 변두리에 있는 브래번 골프 클럽에서 캐디로 취업했다. 돌아보면 골프 클럽 캐디는 린치가 나중에 주식 전문가가 되기 위한 밑거름이었다. 영민했던 린치는 금세 눈에 띄었고 골프 클럽을 대표하는 마스코트가 되었다. 그리고 그곳에서 피델리티 인베스트먼트Fidelity Investment의 사장 조지 설리번D. George Sullivan과 인연을 맺는다. "나는 학교가 아닌 골프장에서 골프공을 주우며 내 진로를 찾았다. (…) 만약 주식 투자에 입문하고 싶다면 증권거래소나 골프장에 가라. 골프장은 주식을 배우고 싶은 사람에게 증권거래소 다음으로 좋은 곳이다."[10]

투자의 성공 여부는

얼마나 오랫동안 세상의 비관론을

무시할 수 있는지에 달려 있다.

주식 투자로
장학금을 벌다

───────── 1963~1966 ─────────

린치는 캐디로 일하며 주식에 눈을 떴을 뿐만 아니라, 1913년 US 오픈 골프 선수권 대회에서 최초로 우승한 아마추어 골퍼 프랜시스 퀴메Francis Quimet의 이름을 따서 만들어진 '프랜시스 퀴메 장학금'도 받게 됐다.[11] 그는 이 장학금과 캐디로 일해 번 돈으로 고등학교를 졸업했고, 보스턴칼리지와 필라델피아 와튼스쿨에서 공부할 수 있었다.[12] 린치는 어렸을 때부터 돈의 소중함을 알고 있었다.

부모님의 엄격한 지도 때문이었을까? 그는 골프 클럽에서 수많은 '내부자 정보'를 얻었지만 열아홉 살이 되어서야 처음으로 주식을 거래했다. "1963년 대학교 2학년 때 처음으로 주식을 샀다. 종목은 거대 운송기업이었던 플라잉 타이거 에어라인스Flying Tiger Airlines였고 매수가는 7달러였다. (…) 골프장에서 얻은 모든 정보는 내가 이용해서는 안 되는 것이었다. 하지만 나는 투자할 수 있는 최소한의 자금은 갖고 있었고, 모범적인 투자자가 지녀야 할 최소한의 윤리의식은 찾아볼 수 없었다."[13]

플라잉 타이거의 주가는 계속 뛰었다. 베트남 전쟁이 터지면서 항공 운송 수요가 급증했기 때문이다. "플라잉 타이거가 동남아시아로 군사 물자를 실어 나르기 시작했다. 주가가 자그마치 10배나 뛰었다!"[14] 이후 2년간 플라잉 타이거 주가는 계속 상승했고, 총 300달러를 투자한 린치는 졸업할 때까지 학비를 충당할 수 있을 만큼 충분한 이익을 남기고 주식을 팔았다. "달리 표현하자면 나는 '플라잉 타이거 장학금'으로 학비의 상당 부분을 조달한 셈이다."[15] 이 덕분에 린치의 학교에서 원하는 공부에 충분히 집중할 수 있었다.

보스턴칼리지 재학 시절 린치는 역사, 형이상학, 종교, 고대 그리스 철학 등 인문학 과목을 주로 수강했다. 반면 수학, 회계, 경영학 등의 과목은 최대한 피했다. "지금 생각해보니 역사와 철학은 통계학보다 주식 업계에서 일하기 위한 준비 과정으로 훨씬 더 좋은 공부였다. 주식 거래는 예술이지 기술이 아니기 때문이었다."[16]

보스턴칼리지 졸업 후 린치는 필라델피아의 와튼스쿨에 들어갔다. 그 전에, 골프 클럽에서 일할 때 만난 조지 설리번의 추천으로 1966년 피델리티 인베스트먼트의 하계 인턴십에 지원했고 수많은 지원자를 제치고 인턴 직원으로 뽑혔다. "피델리티 인베스트먼트는 자산운용사 중에서도 최고로 꼽히는 회사였다. (…) 금융이나 회계 전공자라면 누구나 일해보길 꿈꾸는 회사였다. 인턴 직원 3명을 모집했는데 100여 명이 지원했다."[17]

뛰어난 성적으로 당당히 입사했음에도 자산운용사의 업무

는 만만치 않았다. "내 담당 업무는 출판업 기업들을 분석하는 일이었다. 나는 소르크 페이퍼Sorg Paper, 인터내셔널 텍스트북International Textbook 등 미국 전역에 흩어져 있는 수많은 회사를 방문하기 위해 전국 각지를 돌아다녀야 했다."[18]

당시 린치의 나이는 고작 스물셋이었다.

투자에서 가장 필요한 것은 두뇌가 아니라,

용기다.

아우토반을 달릴 때는

절대 뒤를 돌아보지 마라.

거물이 된
펀드매니저

 1967~1977

와튼스쿨에서 2년 동안 공부하면서 린치는 대학 캠퍼스에서 장래의 아내 캐럴린Carolyn을 만난다. 그는 MBA 학위를 받고 1967년 ROTC로 군에 입대했다. 처음에는 포병대 소위로 텍사스에서 복무하다가 한국으로 파병됐다. 당시 대부분의 미군이 전쟁이 한창이던 베트남으로 파병됐기 때문에 린치에게 이것은 행운이었다.

한국은 이미 거대한 전란을 겪은 뒤였고 온 나라가 재건에

힘쓰고 있었다. "한국의 유일한 단점은 주식과는 거리가 먼 곳이라는 점이었다. 내가 알기로 당시 한국에는 주식 시장이 없었다. 그래서 나는 그곳에서 한동안 '주식 금단 현상'에 시달렸다."[19] (하지만 이는 착오였다. 한국 최초의 주식 시장인 대한증권거래소는 1956년에 이미 개장했다. 다만 1970년 기준 상장 기업 숫자가 48곳에 불과할 정도로 영세했기 때문에 이 사실을 린치가 전혀 인지하지 못했을 수 있다-옮긴이)

1969년 군 복무를 마친 린치는 1974년 피델리티 인베스트먼트에 증권 분석가로 정식 입사했다. 이곳에서 그는 철강 및 광산 산업뿐만 아니라 섬유 및 화학 산업 분야를 담당했다. 연봉은 1만 6000달러로 초봉치고는 상당히 높은 금액이었다.[20] 당시 교사 월급이 1년에 약 8000달러였다는 점을 고려하면 린치의 연봉이 어느 수준이었는지 짐작이 갈 것이다.[21]

그리고 얼마 지나지 않아 1974년 6월 린치는 증권 분석 총책임자로 승진했다. 1977년 5월에는 그 유명한 '피델리티 마젤란 펀드Fidelity Magellan Fund'의 운용 및 관리 업무를 총괄하게 됐다. 피터 린치의 처음이자 마지막이었던, 펀드매니 저로서의 화려한 인생이 시작되는 순간이었다.

가장 좋은 주식은

이미 보유한 주식이다.

피델리티 마젤란 펀드의
역사[22]

―――――― 1963~1990 ――――――

'마젤란 펀드'에 대해서는 아무리 주식 투자에 대한 지식
이 없는 사람일지라도 이름 정도는 들어보았을 것이다.
1977년부터 1990년까지 린치가 관리했던 이 펀드는 연평
균 29.2퍼센트라는 놀라운 평균 수익률을 유지했고 이는
당시 미국 주식 시장 평균 수익률의 2배 이상이었다. 마젤
란 펀드를 제대로 공부하지 않고서는 피터 린치의 삶과 투
자 철학을 제대로 이해할 수 없다. 1966년 2000만 달러 규
모에 불과했던 마젤란 펀드가 1990년에 이르러 140억 달

러가 되기까지의 역사를 잠시 살펴보자.

- 1963년 네드 존슨Ned Johnson이 '피델리티 인터내셔 널 펀드Fidelity International Fund'라는 이름의 펀드를 설 립했다.

- 1966년 중간에 이름이 바뀐 '피델리티 마젤란 펀드 (마젤란 펀드)'의 총액은 2000만 달러였다.

- 1976년 마젤란 펀드는 자본 유출 사태로 총액이 600만 달러로 감소했다.

- 1976년 마젤란 펀드는 1200만 달러 규모의 '에섹스 펀드Essex Fund'와 합병했다.

- 1977년 피터 린치가 마젤란 펀드의 대표로 임명됐 다. 일반인의 펀드 가입은 중단됐다. "나는 처음 4년 동안 추진했던 인큐베이팅 전략(유망한 신생 기업을 발 굴해 자립할 수 있도록 도와주고 실적을 함께 공유하는 전략)이 저주보다 축복이 되리라는 것을 확신하고 있었다. 이것은 내가 세간의 주목을 받지 않은 채 비즈니스 를 배우며 실수할 기회가 되었다."[23]

- 1981년 마젤란 펀드는 '살렘 펀드Salem Fund'와 합병

했고 다시 일반인의 펀드 가입이 허용됐다. 펀드는 총액 1억 달러를 돌파했다. 이 시기에 펀드 자금은 200여 개의 주식에 투자됐다. 마젤란 펀드의 실적은 하위 20퍼센트 수준이었다.

- 1982년 린치는 루이스 루카이저Louis Rukeyser가 진행하는 TV 쇼 「월스트리트 위크Wall Street Week」에 출연하여 마젤란 펀드에 대한 질의응답 시간을 가졌다. 그의 TV 출연으로 마젤란 펀드의 매수 붐이 일어났다. 그해 말 마젤란 펀드의 자산 규모는 4억 5000만 달러에 달했다. 이 시기에 린치는 자동차 주식(특히 크라이슬러)을 위주로 신규 투자를 시작했다.

- 1983년 4월 마젤란 펀드 총액은 10억 달러를 돌파했고, 450개의 주식에 투자됐다. 그해 말이 되자 펀드 총액이 16억 달러를 넘어섰으며, 주식 포트폴리오를 구성하고 있는 주식은 900개를 넘었다.

- 1984년 마젤란 펀드는 총액 20억 달러를 기록했다. 린치는 마젤란 펀드 포트폴리오에서 해외 주식의 비중을 점점 늘려갔다(볼보, 푸조, 스웨덴의 금융 서비스 회사 스칸디아Skandia, 룩셈부르크의 사무용품 회사 에셀트Esselte, 스

웨덴의 세계적 가전 업체 일렉트로룩스Electrulux, 노르웨이의 알루미늄 및 재생 에너지 회사 노르스크 하이드로Norsk Hydro, 일본의 철도 회사 긴키 닛폰 레일웨이Kinki Nippon Railway 등). "존 템플턴을 제외하면 나는 해외 주식에 집중 투자한 최초의 미국인 펀드매니저였다."[24]

- 1985년 17억 달러가 마젤란 펀드로 흘러 들어갔다.

- 1986년 초에는 마젤란 펀드가 50억 달러를 돌파했고, 그중 해외 주식 비중이 20퍼센트를 차지했다.

- 1987년 5월 마젤란 펀드 총액은 100억 달러를 달성했고, 8월에는 110억 달러를 기록했다. 이후로도 승승장구했으나 1987년 10월, 주식 시장이 대대적인 조정을 받으면서 펀드 총액이 72억 달러로 급감했다. 1987년 가을 기준, 마젤란 펀드는 1500개의 주식으로 구성되어 있었다.[25] "1987년이 지나고 나는 기쁨을 되찾았다. 나는 다시 마젤란 펀드의 수익률을 1퍼센트 끌어올렸고, 이후 10년 연속 마젤란 펀드를 성공적으로 운용했다."[26]

- 1988년 마젤란 펀드의 수익률은 22.8퍼센트를 기록했다.

- 1989년 수익률이 무려 34.6퍼센트에 달했다. "하지만 나는 아등바등 사는 데 지쳤다. 나는 패니 메이(Fannie Mae, 미국연방저당권협회The Federal National Mortgage Association의 약칭. 미국의 주택 구입 희망자들이 금융기관에서 쉽게 대출을 받을 수 있도록 금융기관에 자금을 대주는 정부 지원 기업-옮긴이)보다는 아내와 더 많은 시간을 보내고 싶었다."[27]

- 1990년 5월 말 피터 린치는 펀드매니저 생활을 정리했다. 이 시기에 마젤란 펀드의 총액은 140억 달러였고, 그중 14억 달러는 현금 자산이었다. 마젤란 펀드는 세계 최대 규모의 펀드로 우뚝 올라섰다.

1990년 5월 31일,

나는 피델리티 마젤란 펀드의 쿼트론을 껐다.

박수 칠 때
떠나라

———————— 1990 ————————

펀드매니저는 (대다수의 사람이 잘못 알고 있지만) 엄청난 헌신을 필요로 하는 일이다. 린치는 자신을 믿고 돈을 맡겨준 고객들에게 의무를 다하기 위해 인생의 모든 것을 쏟아부었다. 한가롭게 도서관에 가서 책을 읽거나 야구 경기를 관람하러 야구장에 갈 시간 따위는 없었다. 다른 무엇보다 끔찍했던 것은, 그가 펀드매니저로 일하던 중에는 아내와 세 딸과 보낸 시간이 거의 없었다는 점이다.

"주말에 가족이 모이면 처음 만난 사이처럼 서로 서먹서먹했다. 나는 내 아이들보다 패니 메이, 프레디 맥(Freddie Mac, 연방주택금융저당회사The Federal Home Loan Mortgage Corporation의 약칭으로 패니 메이의 독점 체제를 견제할 목적으로 설립된 회사-옮긴이), 샐리 메이(Sallie Mae, 학생대출마케팅협회Student Loan Marketing Association의 약칭으로 학생에 대한 장학 기금의 충실화와 발전을 위해 마련된 일종의 학자금 대출 제도-옮긴이)와 더 많은 시간을 보냈다."[28] "지금 생각해 보니 나는 정말 가족이나 연인보다 샐리 메이와 더 자주 만났다. 그만큼 당시 내 형편은 여유롭지 못했고 정신적으로도 많이 움츠러들어 있었다."[29]

린치는 어느 날 2000가지가 넘는 종목의 이름은 줄줄 외우면서 정작 딸의 생일 날짜는 기억하지 못하는 스스로의 모습에 큰 충격을 받고 증권계에서 은퇴한다. 피델리티 마젤란 펀드에서 13년 동안 성공적인 직장 생활을 해온 그는 대표직에서 과감히 물러났다. "1990년 5월 31일 나는 피델리티 마젤란 펀드의 퀴트론(컴퓨터)을 껐다. 내가 이 회사에 몸담은 지 정확하게 13년이 되던 해였다."[30] 당시 린치는 마흔여섯 살이었고, 자신의 아버지가 이 나이에 세상을 떠났다는 사실을 떠올렸다.

"박수 칠 때 떠나라"라는 말이 있다. 피터 린치는 살면서 터득한 이 지혜를 되새기며 피델리티의 대표직에서 물러났다. 그는 당시 코닥Kodak, 포드Ford, 이튼Eaton의 직원들을 위한 연금기금(Pension fund, 연금 제도로 모인 자금으로, 연금을 지급하는 원천이 되는 기금-옮긴이)까지 도맡아 운영하고 있었는데, 이 기금의 운용 실적은 마젤란 펀드 실적보다도 훨씬 뛰어났다.

하지만 그는 이 일도 스스로 내려놓았다. "대부분 사람은 내가 대기업을 위해 별도로 펀드를 운용하고 있다는 사실을 몰랐다. 그중에는 코닥, 포드, 이튼의 직원들을 위한 10억 달러 규모의 대규모 연금기금도 포함되어 있었다. 이 펀드는 마젤란 펀드보다 운용 실적이 좋았다. 큰 제약 없이 내가 마음껏 투자할 수 있었기 때문이다. 예를 들어 연금기금은 자산의 5퍼센트 이상에 달하는 엄청난 금액을 한 종목에 투자할 수 있는데, 이는 공모형 펀드에서는 불가능한 일이다."[31]

린치는 다른 펀드 운용 업무를 맡아달라는 제의도 단호하게 거부했다. 그는 모든 제안을 거절했다. "사람에게는 행복을 누릴 기회가 주어진다. 나에게도 그런 기회가 주어졌고 바로 그때가 결단해야 하는 순간이었다. 나는 자본을 늘리기 위해 남은 인생을 희생시키며 노예로 살고 싶지 않았다. 자본의 노예로 살아갈 것인가? 인생의 주인으로 살아갈 것인가? 나는 내가 성실히 모아놓은 것들을 나 자신을 위해 쓰면서 살아가기로 결정했다."[32]

이미 그는 마젤란 펀드 운용 책임자로서 상당한 재산을 모아둔 상태였다. 피델리티에서 그의 연봉은 수백만 달러였다. 린치는 세계에서 몇 손가락 안에 드는 고액 연봉자 중 한 사람이었다.[33] 《보스턴매거진Boston Magazine》의 한 보도에 따르면, 그는 피델리티 대표직에서 물러난 후에도 16년 동안이나 보스턴의 재력가 40위 안에 들었다. 당시 그의 추정 자산은 3억 5200만 달러였고, 재산 대부분을 공익 재단을 위해 사용하거나 부동산에 투자했다.[34]

물론 지나치게 일을 사랑했던 피터 린치는 퇴직과 함께 자신의 손에서 일을 완전히 내려놓지는 않았다. 그는 회사를 그만둔 뒤에도 몇 년 동안은 피델리티 매니지먼트앤드리서치 회사Fidelity Management&Research Co.에서 컨설턴트이자 대표로 활동했다.

피터 린치는 마젤란 펀드의 대표로서 탁월한 능력을 인정받아 수많은 상을 받았다. 2009년 그는 보스턴 상공회의소의 '존경받는 보스턴인 학술협회' 회원이 되었으며, 몇 년 뒤에는 보스턴칼리지에서 명예 법학 박사 학위도 받았다. 피터 린치는 주식 투자 시장이 낳은 가장 위대한 '원 히트 원더one-hit wonder'다. 그는 10년이 조금 넘는 길지 않은 시간 동안 자신의 모든 역량과 정력을 마젤란 펀드에 쏟아냈고 그 누구보다 최선을 다해 자산을 증식시켰다.

현재 그는 여러 기업에 투자 조언을 제공하고 있으며, 재단을 통해 왕성한 기부 활동을 이어가고 있다. 또한 남은 시간은 일반 대중에게 주식과 투자에 대해 강연을 하며 자신의 재능을 세상과 교류하는 데 쓰고 있다.

제 삶은 하느님의 축복으로 가득했습니다.

월가의
고독한 투사

———————— 2015 ————————

피터 린치는 아일랜드계 이민자 가정 출신으로 로마 가톨
릭교회 공동체에 속한 독실한 신자였다. 린치가 학사 학
위를 받고 그의 아버지가 수학 교수로 재직했던 보스턴칼
리지는 가톨릭 예수회 소속 대학교였다. 그는 『전설로 떠
나는 월가의 영웅』에서 자신의 종교를 고백했다. "1963년
11월 22일 케네디 대통령이 암살됐다는 소식이 캠퍼스에
퍼졌을 때 나는 시험을 보고 있었다. 소식을 듣자마자 나는
친구들과 교회로 가서 기도했다."**35**

1988년 캐럴린 린치와 피터 린치가 설립한 린치 재단Lynch Foundation에서 주로 로마 가톨릭교회의 신앙 활동과 교육 사업을 지원했던 것도 이런 종교적 배경과 관련이 있다. 특히 린치는 보스턴의 가톨릭 학교 재단Catholic Schools Foundation 회장으로 왕성하게 활동했다. 그가 재단을 운영하면서 보스턴이라는 대도시에서 무려 6만 명 이상의 학생이 이 재단으로부터 장학금을 받을 수 있었다.

두 사람이 이 자선기관을 세운 목적은 대도시인 보스턴에 로마 가톨릭교회의 신앙 및 교육을 위한 장학금을 지원하기 위해서였다.[36] 린치 재단은 지금까지도 보스턴의 교육, 문화, 예술, 전통을 수호하는 최후의 보루로서 지역민들의 행복에 크게 기여하고 있다.

2015년 10월 린치의 아내 캐럴린이 69세의 나이에 백혈병으로 세상을 떠났다. 피터 린치가 가장 좋아했던 여가 중 하나는 가족들과 쇼핑하는 일이었다. 그는 아내와 세 딸을 쇼핑몰로 데려가 그들에게 돈을 주곤 그들이 어느 브랜드의 어느 제품을 구입하는지 관찰했다. 그는 이것을 '시장 조사'라고 불렀다. 이제 그는 더 이상 사랑하는 아내와 시장 조사를 할 수 없게 되었다.

피터 린치는 펀드매니저로 일하는 동안 무리에 휩쓸리지 않으면서 단호한 소신으로 자신의 포트폴리오를 관리하려고 애쓴 고독한 투사였다. 자산운용사인 피델리티 마젤란 펀드에서 대표로 일하는 동안 그의 업무를 보조한 직원은 둘뿐이었다. 다른 위대한 투자가들의 젊은 시절과 마찬가지로 지독한 일 중독자였던 그는 주 6일 근무하면서 평균적으로 60~80시간을 일했다. 그의 일과는 새벽 6시에 시작돼 자정이 다 되어 끝났다.[37] "일하지 않는 날에는 아내와 자선기관이나 지방자치단체의 기관을 방문했다. 그것이 내 삶의 유일한 휴식이었다."[38] 하지만 이제 그는 아내와 더 이상 재단에 방문할 수 없게 되었다.

2부
피터 린치의 투자 철학

법칙 따위는
존재하지 않는다

1990년 내가 일을 그만두었을 때

이 펀드는 또 한 번 시장을 제패했다.[39]

역사상
가장 빠르고 강력했던 성공

마젤란 펀드

피터 린치는 모든 시대를 통틀어 가장 성공한 펀드매니저라는 평가를 받으며 전설적 투자가의 반열에 올랐다. 그는 13년 만에 보잘것없던 피델리티 마젤란 펀드를 당대 최고의 펀드로 만들었다. 1977년 린치가 키를 잡은 뒤 마젤란 펀드는 29.2퍼센트라는 전설적인 연평균 수익률을 기록하며 시장을 평정했다. 린치는 고작 1800만 달러 규모였던 마젤란 펀드를 140억 달러 규모의 세계적인 펀드로 키워냈다.

만약 어떤 사람이 1977년도에 마젤란 펀드에 1000달러를 투자했다고 치자. 그 돈은 피터 린치가 펀드매니저를 그만 둔 1990년에는 2만 7000달러에 달하는 거액으로 늘어나 있을 것이다. 만약 같은 기간 동안 S&P 500 지수를 추종하는 인덱스 펀드에 동일한 돈을 넣어놨다면 어떻게 됐을까? S&P 500 지수에 투자한 사람의 계좌에는 고작 3000달러 정도의 돈이 들어 있을 것이다.

다음 표는 1977년부터 1990년까지 마젤란 펀드의 운용 실적을 S&P 500 지수와 비교한 것이다. 피터 린치가 몇 달 동안만 마젤란 펀드를 운용했던 1977년과 1990년은 괄호로 표시했다.

마젤란 펀드와 S&P 500의 연평균 수익률 비교[40]

(단위: %)

연도	마젤란 펀드	S&P 500
(1990)	-4.51	-6.56
1989	34.58	27.25
1988	22.76	12.40
1987	1.00	2.03
1986	23.74	14.62
1985	43.11	26.33
1984	2.03	1.40
1983	38.59	17.27
1982	48.06	14.76
1981	16.45	-9.73
1980	69.94	25.77
1979	51.73	11.59
1978	31.71	1.71
(1977)	14.46	-11.50

나는 특별한 냄새를 맡도록 훈련받은 블러드하운드처럼

다음에 투자할 주식의 냄새를 맡는다.[41]

어떤 전략을
세워야 할까

투자 레슨 1

시대를 통틀어 가장 성공한 펀드매니저로 손꼽히는 피터
린치는 3권의 전설적인 책을 저술했다. 『전설로 떠나는 월
가의 영웅』, 『이기는 투자Beating the Street』, 『증권 투자로 돈
버는 비결Learn to Earn』에서 그는 고객들이 자신에게 다양한
주식을 선택할 수 있는 자유를 주었다는 점을 강조했다. 그
래서 그는 마젤란 펀드를 운용하는 13년 동안 1만 5000개
이상의 기업에 투자할 수 있었다.**42**

그는 자신의 펀드 포트폴리오에 크라이슬러, 패니 메이, 볼보 등 블루칩 기업뿐만 아니라 로저스 커뮤니케이션Rogers Communications, 킹 월드 프로덕션King World Productions 같은 거의 알려져 있지 않은 기업도 넣었다. "나는 이름이 전혀 알려지지 않은 회사들의 주식도 살 수 있는 호사를 누렸다."[43]

린치는 마젤란 펀드의 구성에 제한을 두지 않고 투자했다. 자산 가치 상승을 목적으로 하는 펀드 운용에서는 특별한 선택 기준에 얽매일 필요가 없었다. 린치는 자신의 두 번째 책 『이기는 투자』에서 이런 말을 남겼다. "이곳에서 펀드매니저들은 최대한 다양하고 많은 주식을 자유롭게 매수할 수 있고 한 가지 특별한 철학에 얽매일 필요가 없다. 마젤란 펀드도 이런 그룹에 속해 있었다."[44]

마젤란 펀드는 시가총액이 적은 성장 기업에 주로 투자하는 이머징 성장형 펀드Emerging Growth Fund라는 인식이 널리 퍼져 있었다. 사람들은 '한 방 역전'을 노리는 이들이나 마젤란 펀드에 가입한다면서 은근히 피터 린치를 무시했다. 이에 대해 린치는 철저하게 반박했다. "소기업의 성장주에 투자한 것이 마젤란 펀드의 성공 요인이었다는 평가는 현실을 완전히 곡해한 것이다."[45]

물론 린치는 마젤란 펀드가 성장주에 투자하여 큰 수익을 올렸다는 사실 자체를 반박하지는 않았다. "주식에 투자하여 돈을 가장 많이 버는 방법은 지난 몇 년간 웬만큼 수익을 내왔고 앞으로도 계속 성장할 주식에 투자하는 것이다."[46] 하지만 실제로 그는 모기지 업체인 패니 메이(5억 달러)와 샐리 메이(6500만 달러), 담배 제조 업체인 필립 모리스(1억 1000만 달러), 자동차 생산 업체인 포드(1억 9900만 달러)와 볼보(7900만 달러) 등 탄탄한 대기업에 투자하여 가장 많은 수익을 올렸다.[47] 한마디로 린치의 투자 전략은 종잡을 수가 없었다.

린치가 주식 포트폴리오를 매우 자유롭게 구성했다고는 하지만 체계가 아예 없는 것은 아니었다. 피터 린치가 분류한 기업 종목의 유형을 대강 구분하면 다음과 같았다.

- 저성장주

- 고성장주
- 대형우량주
- 경기순환주
- 턴어라운드주
- 자산주

하지만 이는 투자의 밑그림을 그리기 위한 아주 거시적인 스케치에 불과했고, 세부 포트폴리오를 구성할 때에는 철저히 경험을 근거로 계획을 수립했다. 비록 잘 모르는 사람이 보기엔 기준도 없고 원칙도 없어 보였지만, 그의 머릿속에는 그동안 수집한 수많은 데이터베이스와 정보가 융합된 체계적인 포트폴리오 운용 전략이 설계되어 있었다. 달리 표현하자면, 그는 조만간 상한가를 칠 주식의 냄새를 맡을 수 있는 블러드하운드로 훈련되어 있었다.

린치가 누구나 당장 활용할 수 있는, 보편적이고 상식적인 전략을 선보인 것은 아니다. 그런 점에서 앞서 소개한 그의 3권의 저서는 우리 같은 평범한 투자자들에게 매우 요긴하다. 그가 실무 현장에서 미처 다 기록하지 못한, 오직 그의 머릿속에만 들어 있던 투자에 대한 다양한 팁과 노하우가 고스란히 적혀 있기 때문이다. 여기에서는 이 책들의 내용을 중심으로 피터 린치가 선보인 투자 전략을 핵심만 간추려 정리했다.

나는 가능하면 주식 초보처럼 생각하려고 한다.[48]

개인이 전문가를
이길 수 있을까

피터 린치는 모든 주식 초보에게 용기를 주었다. 그는 주식 초보들이 전문가인 펀드매니저보다 유리한 점이 많다고 생각했다. 동료 집단으로부터 사회적 압력을 받지 않기 때문이다. "소위 전문가들은 엄청난 지식으로 중무장했지만 결국 자신들의 풀밭에서 함께 풀을 뜯어 먹는 방향으로 고객을 유도할 수밖에 없다. 이들은 회사에서 지정해준 주식 종목을 고객이 더 많이 살수록 자신의 능력을 인정받게 된다고 생각한다. 물론 나 역시 마찬가지였다. 대형 회사의 펀드매니저일수록 자신에게 익숙하지 않은 지역은 돌아다니길 꺼려 한다. (…) 이들은 특히 서투르고 새로운 집단을 무시한다. 하지만 그동안 미국의 주식 시장 규모를 획기적으로 성장시킨 기업들은 언제나 업계의 사각지대에서 느닷없이 튀어나왔다. 그리고 이런 '라이징 스타'는 늘 초짜들이 가장 먼저 발견했다. 우리의 임무는 구석에 숨어 있는 빛나는 별을 찾아 주주들에게 최대 이익을 선사하는 것이다."[49]

펀드매니저들에게는 동료 집단으로부터 받는 사회적 압력 외에 또 다른 제약이 있다. 바로 회사 내부 규정이다. "규모가 큰 자산운용사일수록 대기업 주식의 저가 매수 기회가 없을 때만 소기업 주식 매수를 허용한다."[50]

즉, 정말로 투자할 만한 종목이 없을 때 후순위로나마 잠재력이 큰 소기업 종목을 검토해볼 수 있다는 뜻이다. 따라서 펀드매니저들은 성장 가능성이 큰 소기업 주식을 매수할 기회 자체를 늘 놓치고 만다. 하지만 주식 초짜들에게는 이런 규정 따위가 적용되지 않는다. 그들은 누구의 강요도 받지 않고 자신의 주장을 관철하며 신생 기업 주식에 투자할 수 있다. 끝으로 각종 법 규정도 증권 전문가와 펀드매니저들의 과감한 투자를 가로막는 요인 가운데 하나다. "펀드매니저는 한 기업 주식에 고객이 맡긴 자금의 5퍼센트 이상을 투자할 수 없다. 구조적으로 절대 큰 수익률이 나올 수 없는 시스템인 것이다."[51]

우리는 이제 자유로운 스톡피커stock picker(전망이 있는 몇 개 주식만 선택하여 투자하는 사람-옮긴이)가 될 것이기 때문에 펀드매니저에게 주식 포트폴리오 관리를 맡길 필요가 없다. 따라서 불필요한 수수료 또한 내지 않아도 된다.

만약 더 편한 길을 가고 싶어서 주식형 펀드에 투자한다면 매년 지불해야 할 펀드 운용비가 만만치 않을 것이다. "펀드의 종류에 따라 차이가 있겠지만 매년 평균적으로 거래액의 0.5~2퍼센트 정도의 운용 보수와 수수료를 지불한다."[52]

주식 초보들도 눈과 귀를 열고 잘 찾아보면 주식 전문가나 펀드매니저보다 가능성이 있는 신생 기업 주식들을 더 빨리 알아볼 수 있다. "당신이 조금만 더 정신을 바짝 차린다면 회사 주변이나 인근의 쇼핑센터에서 흥미로운 브랜드를 찾을 수 있을 것이다. 이것들은 오직 당신 눈에만 보이는 것들이다. 다른 사람들이 달려들기 전까지는 말이다."[53]

가장 중요한 것은 당신의 주변 환경이나 일터에서 좋은 기회를 찾을 수 있다는 것이다. 분석가들이 새로운 것을 찾기까지는 몇 달이 걸릴 수도 있고 몇 년이 걸릴 수도 있다.[54]

그러니 자신감을 가져라. 그리고 당장 움직여라. 린치는 이렇게 말한다. "이제 막 주식 시장에 입문한 아마추어라고 할지라도 자신만의 주력 분야를 찾아 각 분야별 대표 기업을 열심히 공부하고 업계 현황을 늘 모니터링하는 것만으로도, 고객에게 돈을 받고 일하는 펀드매니저의 95퍼센트를 이길 수 있다. 그렇게 성취감을 느끼며 주도적으로 투자 경험을 쌓아가다 보면 자연스럽게 주식으로 돈을 버는 방법을 터득하게 될 것이다"[55]

피터 린치의 이러한 조언을 듣고도 여전히 자신감이 부족한가? 그렇다면 평소 유머 감각이 풍부했던 린치가 주식 투자를 망설이는 주변 지인들에게 종종 던졌던 이 농담을 기억하기 바란다. "내가 이 업계에서 20년 동안 일하면서 확실하게 깨달은 사실이 있다. 주식을 선택할 때 자신의 지능을 3퍼센트만 사용하는 평범한 사람들이나 평균 수준의 주식 전문가나 별다를 게 없다는 것이다."[56]

투자란 순서만 잘 지켜도

절반은 이기고 들어간다.

무엇부터
투자해야 할까

──────── **투자 레슨 3** ────────

당신이 피터 린치를 주식 투자자라고만 알고 있다면 그로 서는 서운할 일이다. 그는 펀드매니저로 일하며 주식 외에 도 다양한 투자 상품에 관심을 기울였다. 그리고 '절대 투 자 순위'를 정해놓고 리스크를 분산했다. 만약 당신이 이제 막 투자에 입문한 사람이라면 린치가 평생에 걸쳐 집요하 게 고수했던 이 투자 우선순위를 바탕으로 자산 증식 플랜 을 구축하기 바란다.

1순위: 실거주 부동산

"한때는 주택을 소유하거나 자가 주택을 마련하면 대부분의 사람이 높은 수익을 올릴 수 있었다. 주택은 다른 투자 수단에 비해 두 가지 뚜렷한 장점을 가지고 있다. 첫째, 집을 사고 난 후 집값이 오를 때까지 그곳에서 살 수 있다. 둘째, 대출을 일으킴으로써 인플레이션에 대응할 수 있다."[57]

피터 린치는 주식 펀드를 운용하여 명성을 얻었다. 하지만 투자 역사상 가장 성공한 펀드매니저인 그조차도 주식이나 펀드만을 최고의 투자 수단으로 여기지 않았다. "주식 투자를 하기 전에 주택 매수를 고려하라. 집은 성공 확률이 가장 높은 투자 수단이기 때문이다."[58] 린치의 말을 하나 더 인용하겠다. "주식은 당신이 활용할 수 있는 가장 좋은 투자 수단이다. 실거주 주택을 제외하면."[59]

2순위: 주식

"큰 그림을 그려보면 명확해진다. 지난 70년간 주식은 연평균 11퍼센트의 수익률을 기록했다. 그러나 티빌T-Bill(만기가 1년 이하인 국채. 미국의 재무부가 정부를 대신해 발행하는 단기국채를 뜻한다–옮긴이)과 티본드T-Bond(미 재무성이 발행하는 재무성 증권 중 10년 이상의 것을 말한다–옮긴이), 양도성 예금 증서의 수익률은 절반에도 못 미쳤다."[60]

피터 린치는 주식 투자의 수익률이 가장 높다는 것을 거듭 강조했다. "주식은 채권보다 리스크가 크지만 장래에 얻을 수익의 크기는 가장 크다."[61] 그는 모든 투자자에게 "당신의 포트폴리오에서 주식의 비중을 허용 한계까지 높여라"[62]라고 조언했다. 주식 투자 컨설턴트로서 그는 독자들에게 강력하게 주장한다. "(실거주 주택을 마련했다면) 주식을 사라! 이것이 당신이 이 책을 통해 얻을 수 있는 유일한 교훈이라면, 내가 이 글을 쓴 보람을 느낄 것이다."[63]

3순위: 펀드

"요즘 사람들은 어떤 펀드로 결정해야 할지 고민이 많을 수밖에 없다. (…) 국가 펀드, 지역 펀드, 헤지펀드, 자산 펀드, 성장형 펀드, 단일 펀드, 혼합 펀드, 콘트라 펀드, 인덱스 펀드, 펀드 오브 펀드 등 펀드의 종류가 너무 다양해졌기 때문이다."[64] 피터 린치는 펀드매니저로서 신의 경지에 올랐다는 평가를 받았지만, 이런 그도 처음 주식 투자를 시작했을 때는 전망이 있는 몇 개 주식만 선택해 매수하는 투자법인 스톡피킹stock picking을 했다.

그는 그 이유를 다음과 같이 설명했다. "펀드매니저들은 주가지수를 맞히기 힘들 때가 많다. 펀드의 절반 이상이 주가지수보다 안 좋은 실적을 낼 때도 많다. 평균치를 달성하지 못하는 이유는 펀드를 운용하는 데 드는 비용과 수수료를 투자자들에게 전가하기 때문이다. 실적이 아무리 좋아도, 워낙 많은 종목이 들어가 있기 때문에 그만큼 비싼 운용 비용이 발생하는 것이다. 그래서 나는 처음에는 최대한 신중하게 양질의 종목만 골라 펀드 포트폴리오에 반영했다."[65]

어떤 펀드에 투자할지 결정을 내리기 전에 지난 3년, 5년, 10년 동안 해당 펀드의 수익률을 정확하게 살펴봐야 한다. 린치는 이렇게 말했다. "시장에는 탄탄한 실적을 유지하는 펀드의 숫자가 여러분이 생각하는 것보다 훨씬 적다."[66] 그래서 피터 린치는 주식 펀드 투자만 염두에 두었고, 다른 형태의 펀드에 투자하는 일은 철저히 거부했다. "당신이 장기 투자를 원한다면 (…) 채권 펀드나 혼합형 펀드는 전부 피해야 하고 주식 펀드에만 집중해야 한다."[67]

특히 그는 인덱스 펀드나 ETF 투자를 적극적으로 권했다. "지난 수십 년간 인덱스 펀드는 항상 다른 펀드의 실적을 앞섰다."[68]

그리고 린치는 펀드에 투자할 때 분산화 전략을 따르고 다양한 주식에 투자할 것을 권했다. "당신의 돈을 서너 가지 유형(성장주, 자산주, 소기업주 등)의 주식에 분산 투자해야 가장 수익성이 높은 포트폴리오를 만들 수 있다. 계속해서 연구하며 당신의 포트폴리오를 확장시키고, 지난 몇 년 동안 저조한 실적을 보였던 부문에 과감히 투자하라."**[69]**

린치는 스스로 이 펀드에서 저 펀드로 계속 옮겨 다니는 펀드 쇼핑을 좋아하지 않는다고 늘 강조했다. "옮겨 다녀 봤자 얻을 것은 별로 없다. (…) 그보다는 과거에 아주 실적이 좋았던 펀드를 하나 골라서 계속 유지하는 것이 훨씬 낫다."**[70]** "여러 종류의 펀드로 갈아타면서 최신 트렌드를 따라가기보다는 안정적이고 꾸준한 실적을 보이는 펀드 하나를 찾아 오래 보유하는 것이 더 이상적인 투자법이다."**[71]**

피터 린치는 자신의 저서에서 펀드 투자 시 투자자가 반드시 구독해야 할 잡지를 소개했다. "미국의 주간 투자 잡지 《배런즈Barron's》와 경제지 《포브스Forbes》를 통해 과거 몇 년 동안 어떤 펀드가 최고의 실적을 기록했는지 알 수 있다."**[72]** "매년 9월 발표하는 '더 아너 롤The Honor Roll(모범생 명단이라는 뜻-옮긴이)'은 펀드를 정확하게 선택할 수 있도록 훌륭한 정보를 제공한다."**[73]** 특히 린치는 '리퍼 레이팅Lipper

Rating'을 참고할 것을 권했다. 리퍼 레이팅은 사용자가 임의로 정한 다양한 기준(총매출, 자본 수익, 세금 혜택 등)에 따라 가장 적합한 펀드를 선택할 수 있도록 도와주는 온라인 정보 플랫폼(lipperleaders.com)이다.[74]

4순위: 고정금리 채무증권(채권, MMF, 저축성 채권)

"역사적으로 주식 투자는 채권 투자보다 수익률이 훨씬 높았다."[75] "조만간 주식 포트폴리오나 주식 펀드가 채권 포트폴리오, 양도성 예금 증서, MMFMoney Market Fund(하루만 넣어도 수익을 얻을 수 있는 초단기 수시입출식 실적배당 상품-옮긴이)보다 수익률이 훨씬 높다는 사실이 확인될 것이다."[76] "시장 붕괴, 위기, 전쟁, 경기 후퇴, 심지어 정치 동향이나 치마 길이에 변화가 있었어도 일반적으로 주식이 회사채보다 수익률이 떨어진 적은 단 한 번도 없었다. 수익률이 15배나 높았고, 지금까지 주식의 수익률은 회사채의 수익률보다 40배나 높았다."[77]

피터 린치는 장기적 관점에서 채권, 연금기금, MMF, 저축성 채권은 직접 주식에 투자하는 것(스톡피킹)의 대안이 될 수 없다고 봤다. 첫 번째 이유로는 채권으로는 주식 투자를 통해 얻을 수 있는 수익의 일부만 얻을 수 있다는 점을 꼽았다. "채권으로는 당신의 돈을 10배로 불릴 수 없다. 수익률이 높은 반면 상환 여부가 불투명한 채권에 과감하게 투기를 한다고 할지라도 말이다."[78]

주식에 투자한다는 것은 자신이 주주가 되어 한 기업의 성장에 동참한다는 뜻이지만, 채권에 투자한다는 것은 정해진 금리만큼의 수익밖에 얻지 못한다는 뜻이다.

린치는 이런 상관관계를 다음과 같이 설명했다. "주식은 한 기업의 성장을 통해 이익을 얻는 행위다. 주식 투자자는 성장 중인 수익 사업에 동참하는 것이다. 당신은 단순한 자금원이 아니다. 하지만 채권 투자는 당신이 누군가에게 단순히 돈을 빌려주겠다는 것과 다르지 않다. 이때 가장 큰 수익을 올릴 수 있는 방법은 이자와 함께 빌려준 돈을 돌려받는 것뿐이다."[79]

물론 피터 린치는 단기 투자라면 채권 매수가 주식 투자보다 수익률이 높을 수 있다는 사실을 인정했다. 그러나 이는 채권의 금리가 두 자릿수일 때의 이야기다. 1980년대에 미국 정부에서 발행한 채권(운용 기간이 20년 이상인 경우) 중 금리가 16퍼센트인 채권이 없었던 것은 아니다. 지금은? 이런 금리를 제공하는 펀드는 휴지 조각이 될 가능성이 큰 정크본드(신용등급이 낮은 기업이 발행하는 고위험, 고수익 채권-옮긴이)밖에 없다. 앞에서도 언급했지만 린치는 이런 경우에는 투자를 하지 말라고 권했다.

다만 그는 조금의 리스크도 감수하고 싶지 않는 사람들에게는 채권에 투자하라고 조언했다. "모든 리스크를 피하고 싶다면 당신의 돈을 은행 계좌에 넣어두거나 MMF에 투자하면 된다."[80]

굳이 회사채, 국채, MMF, 연금기금 등 이자 지급을 조건으로 하는 증권에 투자하고 싶다면 신용 리스크가 매우 낮거나 장기간 높은 금리를 제공하는 상품에만 투자하라. 투자의 관점에서 근시안적이기는 하지만, 당신이 자금을 투자할 때 리스크를 최소화하고 싶다면 이자부 증권(미국의 이자부 증권의 경우 고정 배당금을 지급한다)에 투자하는 것도 괜찮다.

5순위: 옵션, 선물 거래, 공매도

"워런 버핏은 주식 선물 거래와 옵션은 금지되어야 한다고 생각했다. 나도 그와 같은 생각이다."[81] 린치는 옵션과 선물 거래, 공매도에 대한 투자를 철저히 거부했다. 이런 형태의 투자는 투기성이 강하기 때문이다. 이에 대해 그는 다음과 같이 설명했다. "이 경우에는 카지노 도박이나 경마보다 수익을 올릴 가능성이 훨씬 적다. 주식 투자의 대안으로 보기 어렵다."[82]

선물 거래나 공매도를 생각할 정도로 '하이 리스크 하이 리턴' 투자 종목이 끌린다면 차라리 정말 유능한 주식 전문가나 선물 거래인에게 투자를 맡겨라. 그들이 피터 린치보다 더 투자를 잘할 수 있다고 믿는 것이 아니라면 그냥 당신 스스로가 피터 린치처럼 투자하라. 린치가 제시한 우선순위에 따라 순차적으로 자산을 늘려라.

"나는 오랫동안 투자 업계에서 일했지만 단 한 번도 선물 거래나 공매도를 한 적이 없다. 앞으로도 이 생각에는 변함이 없을 것이다."[83]

한 가지 색의 크레용으로

그릴 수 없는 아이디어에는

절대 투자하지 마라.[84]

어떤 종목을
고를까

전 세계 주식 시장에 상장된 기업의 수는 4만 개 이상이다.
이 수많은 선택지 중 어떤 종목에 투자해야 할까? 이 질문
에 린치는 단순하고도 확실한 전략을 알려줬다.

주변을 둘러보라

린치는 수익성이 높은 주식은 대부분 우리 주변에 있다고

늘 강조했다.[85] "집, 길거리, 학교, 쇼핑센터를 그냥 지나치지 마라. 기업에서 생산하는 모든 제품을 접할 수 있는 곳이기 때문이다."[86] 또한 그는 자신이 사용하고 있는 제품의 주식을 매수할 것을 권했다. "자신이 알고 있는 분야의 주식을 매수하는 것은 고도의 전략이다. 그런데 업계 전문가들은 오히려 이 전략을 무시하는 경향이 있다."[87]

가족들이 어떤 상품을 구입하는지 꾸준히 지켜보라

피터 린치는 가족들의 소비 패턴을 통해 주식 투자에 관한 몇 가지 아이디어를 얻었다. "몇 년 전 우리는 식탁에 둘러앉아 있었다. 딸 애니가 내게 이런 질문을 했다. '탄산수 회사 클리얼리 캐나디안Clearly Canadian이 주식 시장에 상장되어 있는 회사인가요? 저와 제 친구들은 그 브랜드의 탄산수만 먹거든요!' 이 말은 들은 뒤 나는 한참이 지나서야 바로 클리얼리 캐나디안에 대한 지표 분석을 통해 오랜 기간 보유해도 될 만한 종목임을 확인했다." 린치는 애니의 말을 듣고 곧장 뉴욕증권거래소에서 클리얼리 캐나디안이라는 종목을 찾았다. 하지만 아무리 검색해도 나오지 않자 그냥 잊어버렸다. 그런데 나중에 아주 후회할 일이 생겼다. "클리얼리 캐나디안은 캐나다 주식 시장에 상장되어 있었던 것이다. 1991년 클리얼리 캐나디안이 상장된 후 주가는 1년 만에 3달러에서 26.75달러로 폭등했다. 이 주식은 사실 '나인 배거9 bagger(주가가 9배 상승한 주식─옮긴이)'였던 것이다!"[88]

또 이런 일도 있었다. "내가 피자 타임 시어터Pizza Time Theater에 가게 된 것은 아이들 때문이었다. 나는 이 회사 주식을 사려고 전부터 호시탐탐 기회를 노리고 있었지만 아이들의 신랄한 혹평을 듣고는 매수할 마음을 접었다. 결과적으로 이 판단은 옳았다. 또 내가 사려고 했던 주식 중에 멕시칸 레스토랑 치치스Chi-Chi's가 있었는데 이번에는 아이들의 호평을 통해 매수에 대한 확신을 가질 수 있었다."[89]

린치는 아내 캐럴린에게서도 주식 투자에 관한 신선한 아이디어를 얻었다. "아내는 늘 레그스L'eggs라는 팬티스타킹만 고집했다. 처음에 나는 그 제품이 주부들 사이에서 얼마나 인기가 많은지 실감하지 못했다. 레그스 팬티스타킹은 헤인즈Hanes라는 제조사가 만든 저렴하고 튼튼한 스타킹이었다. 그런데 헤인즈는 백화점에 입점하는 고급 브랜드가 아니라 주로 식료품점 등 동네 가게에 입점하는 저가 브랜드였다. 그 덕분에 레그스 스타킹은 종종 동네 마트에 들러 장을 보던 캐럴린에게는 무척 익숙한 제품이었다. 하지만 나는 그 제품을 발견할 기회가 전혀 없었다. 당시 레그스는 출시된 지 2~3년 만에 전국의 어느 마트에서나 찾을 수 있었는 엄청난 베스트셀러가 되었다. 나는 헤인즈라는 기업이 뉴욕증권거래소에 상장되어 있다는 사실을 알게 됐고 당장 투자했다."[90]

단순한 제품을 판매하는 회사에 투자하라

워런 버핏과 마찬가지로 린치도 자신이 잘 아는 회사나 제품에 투자하는 것을 선호했다. 투자의 두 대가 워런 버핏과 피터 린치가 공통적으로 택한 전략 한 가지는 이것이었다. '신기술 관련 종목에는 웬만해선 투자하지 않는다.' 린치는 이렇게 말했다. "나는 보스턴 128번가에 있는 대부분의 기술 회사를 포함해 내가 잘 모르는 분야에는 한 번도 많은 돈을 투자한 적이 없다. 이 선택을 후회한 적 역시 단 한 번도 없다."[91]

하지만 린치는 타코벨Taco Bell이나 크래커 배럴 올드 컨트리 스토어Cracker Barrel Old Country Store Inc. 같은 프랜차이즈 레스토랑의 주식에는 많이 투자했다. 이에 대해 그는 이렇게 설명했다. "사람들은 내게 '대체 왜 그렇게 많은 음식업 관련 종목에 투자하는지' 묻곤 한다. 이유는 단순하다. 패스트푸드 레스토랑은 반도체나 전기 자동차처럼 복잡하지 않고 내가 쉽게 이해할 수 있기 때문이다."[92]

만약 당신도 신기술과 단순한 제품 중 어디에 투자할지 고민하고 있다면, 단순한 제품을 택하라. 린치는 이렇게 말했다. "컴퓨터 칩과 베이글 중 어디에 투자할지 결정해야 한다면 나는 베이글을 선택하겠다."[93]

일하고 있는 분야에서 투자 가능성을 찾아라

당신이 아무리 투자에 대해 무지할지라도, 그리고 앞으로 어떤 분야가 유망한지 간파하는 안목이 없을지라도, 적어도 자신이 일하고 있는 분야에 대해서는 남들보다 잘 알고 있을 것이다. 그거면 충분하다. 린치는 이런 '정보 우위'를 적극적으로 활용하라고 권한다. 당신이 일하고 있는 업계에서 성장할 가능성이 큰 업체에 투자하라. 당신의 회사가 가장 주목하고 있는, 그리고 가장 강력한 경쟁 상대라고 생각하는 기업에 투자하라.

이런 정보는 업계 종사자인 당신에겐 매우 익숙해서 무가치하다고 느껴질 수 있지만, 업계 외부 사람에게는 돈을 주고도 사지 못할 귀한 정보일 확률이 크다. "정보 우위를 점하고 있는 사람은 그만큼 출발선에서 앞서 있기 때문에 사소한 변화에도 예민하게 반응할 수 있다. 결국 당신은 업계의 중요한 변화를 가장 먼저 알아보는 사람인 것이다. 반면 자신이 투자하려는 업계에 대한 정보가 별로 없거나 전무하다면 무슨 일이 일어나고 있는지 가장 늦게 알 수밖에 없다."[94]

모든 것을 투자자의 관점에서 바라보라

항상 눈과 귀를 열어두자. 회사에서, 마트에서, 학교에서, 그 어디에서든 주가가 오를 가능성이 있는 제품을 찾아보고 기억하는 습관을 들이자. 그리고 그 제품을 생산하는 회사가 당신이 거래하는 투자 시장에 상장되어 있는지 검색해보자. 린치는 이렇게만 하면 1년에 최소 두세 번은 목돈을 만질 기회를 포착할 수 있다고 말한다.

어떤 기업에 투자해야 할지 아무런 아이디어도 떠오르지 않는다면? 지금 당장 슬리퍼를 신고 가까운 쇼핑센터에 가서 흥미로운 제품을 찾아보자. 월가의 살아 있는 전설 피터 린치도 처음엔 이런 방법으로 투자 대상을 찾아다녔다. "나는 가만히 앉아서 투자 아이디어를 찾아본 적이 없다. 내가 가장 애용했던 장소는 집 근처 벌링턴 몰Burlington Mall 쇼핑센터였다. 그곳이야말로 내 투자 인생의 모든 것이 시작된 요람이었다."**95**

투자 전망이 좋은 기업을 찾는 것과

기업에 관한 정보를 철저하게 조사하는 것은 전혀 다르다.[96]

주식 매수를 결정하는
9가지 금융 지표

아이디어는 어디까지나 아이디어일 뿐이다. 지금부터가 본격적인 투자의 시작이다. 주변에서 찾은 신선한 아이디어를 숫자와 통계로 검증해 보자. 만약 린치가 자신의 투자 아이디어를 철저하게 검토하지 않았다면 월가의 전설은커녕 펀드매니저로서도 성공할 수 없었을 것이다. 주변 환경, 즉 직장이나 집 근처 쇼핑센터에서 성장 가능성이 있는 기업을 몇 군데 발견했다고 하더라도 주식 매수를 서두르지는 말자. 그 전에 해당 기업의 기본 데이터(금융 지표)를 꼼꼼하게 살펴야 한다. "스스로 조사해서 찾는 것이 가장 좋은 주식 선택법이다. 당신은 마음에 들었기 때문에 그 기업을 선택한 것이고, 모든 면을 상세히 조사했기 때문에 그 기업이 마음에 든 것이다. 이 사실을 잊으면 안 된다."[97]

린치는 자신이 직접 선택한 주식을 체크하는 방법은 생각보다 간단하다며 주식 초보들에게 용기를 준다. "주식에 관한 모든 정보를 수집하는 것은 어려운 일이 아니다. 기껏해야 몇 시간밖에 걸리지 않는 일이다."[98] 린치가 이 말을 한 때가 1989년이라는 점을 고려한다면, 인터넷과 정보 검색이 고도로 발달한 21세기인 지금은 '몇 시간'이 '몇 분'으로 줄어들지도 모른다.

기업의 기본 데이터란 무엇일까? 우리는 이를 금융 지표라 부르기도 한다. 이 정보들은 바로 각 기업의 사업보고서에서 얻을 수 있다. 그리고 사업보고서는 해당 기업의 인터넷 홈페이지에 들어가면 찾을 수 있다. 다음엔 피터 린치가 실제로 주식을 매수할 때 반드시 챙겨 본 9가지 금융 지표들이다.

주가수익비율(PER)

"당신이 PER에 관심이 없다고 하더라도 PER이 높은 주식을 피해야 한다는 사실은 꼭 기억해라. 이것을 명심해야 걱정도 줄고 돈도 절약할 수 있다."[99] 주가수익비율Price Earning Ratio(PER)은 주식을 평가할 때 가장 많이 사용되는 지표다. 주가를 주당순이익으로 나눈 비율인 PER은 주식이 고평가됐는지, 적정하게 평가됐는지, 저평가됐는지 판단하는 가장 기본적인 기준이다. 참고로 2019년까지 독일 DAX 상장 주식의 평균 PER은 약 14였다. PER이 낮은 주식은 투자하기에 좋은, 이른바 저평가된 주식이라고 간주된다. 주가에 비해 주당순이익이 매우 높다는 뜻이기 때문이다. 헷갈린다면 린치의 이 적절한 비유를 기억하기 바란다. "주식의 PER이 높다는 것은 경주마의 안장을 더 무겁게 하는 핸디캡이나 다름없다."[100]

PER은 당신이 투자한 자금을 기업으로부터 거둬들이는데 얼마의 기간이 걸리는지 알려주는 지표다. 예를 들어 당신이 2018년에 무스터만 주식회사의 주식을 1주당 20유로로에 100주를 매수했다고 하자. 당신의 총지출액은 2000유로다. 그런데 2019년에 주가가 3.3유로로 올랐다고 하자. 당신의 1년 총수익은 100주에 3.3유로를 곱한 330유로다. 이수익률이 지속된다고 가정할 때 당신은 6년이 지나야 투자한 금액(2000유로)을 전부 회수할 수 있다(6.06년). 이때의 PER이 바로 6.06이다.

린치는 주식 초보들에게 PER을 기업 성장률(수익 성장률)과 비교할 것을 권했다. "일반적으로 PER이 성장률의 절반만되어도 매우 긍정적이라고 평가한다. 그런데 PER이 성장률의 2배면 매우 부정적이라고 평가한다."[101] 기업 성장률은 대개의 경우 기업의 총매출이나 영업이익의 증가율을 뜻한다. 혹은 시가총액의 증가율로 측정하기도 한다. 따라서 당신만의 기준으로 기업의 성장률을 계산한 뒤 PER과 비교할 것을 추천한다.

주가순이익성장비율(PEG)

기업의 매출과 수익이 계속해서 증가하고 있다면 어떤 지표를 확인해야 정말로 그 기업의 실제 가치를 검증할 수 있을까? 주식을 평가할 때 유용한 지표 가운데 하나가 주가순이익성장비율Price Earnings to Growth Ratio(PEG)이다. PEG는 PER을 '예상 수익 성장률'로 나눈 값이다. 예상 수익 성장률은 지금의 주가를 미래의 수익으로 나눈 값이다. '지금의 수익'과 '미래의 수익'이 같을수록 PEG는 1에 수렴한다(PER과 예상 수익 성장률이 같은 경우 PEG는 1이다).

분자	분모	값
지금의 주가(1000)	지금의 수익(100)	**PER(10)**
지금의 주가(1000)	미래의 수익(100)	**예상 수익 성장률(10)**
PER(10)	예상 수익 성장률(10)	**PEG(1)**

만약 PEG가 1보다 낮다면 이는 PER이 예상 수익 성장률보다 낮다는 뜻이므로, 미래의 수익이 지금의 수익보다 높

을 수 있다는 뜻이다.

예를 들어 주가가 매년 10퍼센트씩 상승한다고 할 때, PER이 10일 경우 PEG는 1이 된다. 만약 PER이 10을 넘는다면 PEG는 1 미만으로 떨어질 것이다. 또는 어떤 기업의 수익이 30퍼센트 증가할 경우 PER은 비교적 높은 수치인 30까지는 용인이 된다. PEG가 1을 넘어가지 않아야 주식을 매수하기에 매력적인 조건이라고 할 수 있다. 하지만 피터 린치는 이보다 더 엄격한 원칙을 적용했다. 보다 자세한 내용은 바로 뒤의 '수익 변동 상태 평가'를 참고하기 바란다.

PEG의 약점은 관찰 기간이다. 기업 상태를 빨리 진단할 수 있는 만큼 PEG에는 예측 불가한 경기 변동(닷컴 버블 붕괴, 금융위기 등)을 반영하기 어렵다. 향후 2년 또는 3년 경기 성장률은 정확한 예측이 불가능하다. 물론 일부 기업은 제한된 범위 내에서 비교하여 산출한 수치를 내놓기도 한다. 따라서 PEG는 기존의 PER을 보완하는 지표로 활용하는 것이 합리적이다. 수익 성장률이 높다고 전제할 때, 어떤 주식의 PER이 30이라고 해서 반드시 고평가된 것은 아니다. PEG는 이런 것을 알려주는 지표다. 반면 수익이 감소하고 있을 때 PER이 10이라면 높다고 평가해야 한다. 어떤 경우든 PEG가 낮다는 이유만으로 주식 매수를 결정해서는 안 된다. PEG는 항상 다른 수치와 함께 봐야 한다. 그리고 PEG의 근거인 예상 수익 성장률이 정확한지도 체크해봐야 한다.

PEG와 마찬가지로 PER도 주식을 평가하는 유일한 기준은 아니다. PER은 기본적으로 해당 기업의 수익이 향후 몇 년간 일정하다고 가정한다. 하지만 실제로 한 회사의 수익은 몇 년 동안 아주 다양하게 변할 수 있다. 특히 강한 성장세를 보이는 기업은 일반적으로 PER이 평균보다 높게 나타난다. 하지만 투자자들에게는 이런 기업의 수익이 높아 보일 수 있다. 부정적인 결과, 즉 적자를 기록한 기업을 평가할 때도 PER은 설득력이 없다. 그래서 린치는 이렇게 권한다. "PER에만 집착하는 것은 미련한 짓이다. 하지만 당신은 PER을 항상 주시하고 있어야 한다."[102]

수익 변동 상태 평가

"시장 예측에서 가장 중요한 능력은 듣는 것이 아니라 코를 고는 것이다. 당신이 아무리 정보 수집 능력과 가격 예측 능력이 뛰어나다고 할지라도 아무것도 하지 않고 관찰만 하는 사람의 수익률은 이길 수 없다."[103]

린치는 자신이 투시 능력자나 예언자가 아니라는 사실을 거듭 강조했다. 린치처럼 경력이 많은 주식 전문가들도 한 기업의 수익을 예측할 수는 없다. 그는 투자자들에게 한 기업이 수익 증대를 위해 어떤 전략을 사용하는지 지켜보라고 조언했다. "미래의 수익을 예측할 수 없다면, 최소한 기업의 수익을 늘리기 위해 어떤 노력을 하는지는 알아야 할 것이다."[104]

예를 들어 한 기업이 언론이나 사업보고서에 가격 인하 계획을 발표하면 이것이 일시적으로 매출을 증가시킬 수 있다. 신규 시장 확대, 신제품 개발, 적자 상품 생산 중단 등도 향후 수익에 긍정적인 영향을 줄 수 있다. "주식 투자는 오늘만 하고 말 숙제가 아니다. 그러니 투자 대상을 찾을 때는 여러 해 동안 수익이 증가할 가능성이 있는 기업을 찾아야 한다."[105]

현금 보유고

좋은 주식을 선택하는 또 한 가지 중요한 기준은 현금 보유고, 즉 기업의 유동자산이다. 한 기업의 최신 사업보고서를 찾아보자. 해당 기업의 '유동자산'이 많다면 이 기업에 투자해도 좋다는 뜻이다. 유동자산이 향후 투자를 끌어내는 원천이기 때문이다. 이런 기업은 현금을 배당금의 형태로 주주들에게 지급할 수도 있고, 현금으로 자사 주식을 다시 사들일 수도 있다. 이런 조치를 통해 이익을 보는 사람이 바로 당신, 주주다.

주식회사는 현금 보유 상태를 사업보고서에 명시해야 할 의무가 있다. 당신이 투자 대상으로 염두에 두고 있는 기업들의 인터넷 사이트에 들어가 최신 사업보고서를 찾아보

자. 이 전략을 좀 더 정교하게 다듬고 싶다면 해당 기업이 보유하고 있는 현금 자산에서 부채를 빼봐라. 이렇게 하면 한 기업의 순자산 규모를 파악할 수 있다. "지금 당장 나스닥에 상장된 기업들의 모든 사업보고서를 조사해서, 충분한 현금을 쥐고 있는 기업들의 목록을 짜라. 당신의 가장 소중한 자산이 될 것이다."[106]

자기자본 비율

"부채는 기업이 위기에서 살아남을 수 있을지, 파산하게 될지 판단하기에 가장 좋은 기준이다."[107] 기업이 더 많이 투자하기 위해 외부에서 자본을 들여오는 것은 지극히 정상적인 일이다. 그러므로 기업의 주식을 매수하기 전에 당연히 자기자본 비율을 살펴봐야 한다. 린치는 "정상적인 경우 기업의 재무상태표에서 자기자본은 75퍼센트, 타인자본(부채)은 25퍼센트를 차지한다"[108]라고 말했다.

하지만 요즘에는 린치가 제시한 이 비율이 뒤집혔다. 대부분 업계에서 자기자본 비율이 30퍼센트인 경우도 탄탄하다고 간주한다. 특히 가족이 경영하는 중형 기업 중에 자기자본 비율이 높고 타인자본 비율이 낮은 곳이 많다. 이상적인 자기자본 비율에 대한 기준은 업계마다 천차만별이다. 따라서 자기자본 비율이 너무 낮거나 높다고 해서 실망하거나 기대할 필요는 없다. 다만 해당 기업이 특별한 성과도 없고 신규 사업을 추진하는 것도 아닌데 지속적으로 자기자본 비율이 줄어든다면 자금 회수를 심각하게 고려해봐야 한다. 참고로 '부채비율'이라는 수치도 있다. 부채비율은 타인자본과 자기자본의 비중을 나타내는 숫자다. 예를 들어 자기자본이 1억 달러고, 타인자본이 2억 달러라면 부채비율은 2다(이 경우 자기자본 비율은 33.3퍼센트다). 자기자본비율과 부채율은 초보 주식 투자자들이 가장 자주 혼동하는 용어이므로 확실하게 이해하고 넘어가자.

배당금

"나는 항상 오래 묵은 답답한 배당금 주식보다는 공격적인 성장 기업의 주식을 선호해 왔다."[109] 린치는 주주들에게 배당금을 아예 지급하지 않거나 아주 적게 지급하는 성장 기업을 선호했다. 이런 측면에서 배당금도 주식을 선택하고 평가하는 기준이 될 수 있다. 즉, 배당금이 꾸준히 나오고 계속해서 오르는 기업이라면, 반대로 다른 영역에서는 그다지 매력적인 투자처가 아닐 수도 있다는 뜻이다. 적어도 린치는 그렇게 해석했다. "30년 넘게 정기적으로 배당금을 지급한 기업은 널리고 널렸다. 심지어 한 해도 거르지 않고 배당률을 늘려온 기업도 넘쳐난다. 하지만 배당금을 받으려고 주식 투자를 하는 건 아니잖나?"[110]

물론 이른바 고배당주가 무조건 나쁘다는 뜻은 아니다. 다만 린치는 우리가 지금 예적금이 아니라 주식에 투자하고 있다는 점을 명심하라고 당부할 뿐이다. 그럼에도 당신이 정기적으로 배당금이 지급되는 것, 즉 투자한 자본에 대해 이자가 붙는 것을 중요하게 여긴다면 이른바 '배당 귀족주'라고 불리는 주식을 매수하라고 린치는 조언한다. 참고로 배당금 귀족주 후보로는 20년 이상 배당금이 증가한 프레제니우스 메디컬 케어Fresenius Medical Care, 10년 된 브랜

드 푹스 페트롤룹Fuchs Petrolub과 필만Fielmann이 있다. 그리고
프록터앤드갬블Procter&Gamble, 쓰리엠3M, 코카콜라Coca-Cola,
콜게이트-팜올리브Colgate-Palmolive, 스탠리 블랙 앤드 데커
Stanley Black&Decker, 로레알L'Oréal, 유니레버Unilever, 로슈Roche
등도 배당금을 잘 주는 기업들이다.

장부가치

"요즘 내가 가장 주의 깊게 살펴보는 지표는 바로 장부가
치다."**111** 장부가치가 중요하다고 확신했다는 점에서 피터
린치는 동시대의 가장 위대한 투자자 워런 버핏과 한배를
탄 것으로 평가할 수 있다. 버핏은 처음 분석과 투자 활동
을 시작하고 10년 동안 스승인 벤저민 그레이엄의 투자 방
식을 철저히 따랐다. 그는 장부가치를 투자 결정에서 가장
중요한 기준으로 삼았는데, 1950년대와 1960년대까지 장
부가치보다 훨씬 낮은 가격으로 거래되는 주식을 대거 사
들여 엄청난 돈을 벌었다. 대체 장부가치란 무엇일까?

장부가치는 한 기업의 자산에서 부채를 뺀 금액, 즉 재무상태표상 자산과 부채의 차액을 말한다. 장부가치가 충분한데도 주가가 형편없이 낮다면 그 주식은 틀림없이 저평가된 것이다. 반대로 장부가치는 바닥인데 주가가 말도 안 되게 높다면 그 주식은 서둘러 정리해야 한다.

하지만 린치는 장부가치를 볼 때 기업의 재무상태표를 완전히 신뢰해선 안 된다고 경고했다. 재무상태표에 기입된 자산과 실제 수치가 일치하지 않는 경우도 많기 때문이다. "당신이 장부가치만 보고 주식을 매수한다면 큰 위험에 빠질 수 있다. 예를 들어 미국의 철도회사 펜 센트럴Penn Central은 아무런 수익도 발생시키지 않는 터널과 이제는 고물이 되어 사용하지 못하는 열차들까지도 자산에 포함시킨다."[112]

물론 다른 경우도 있다. 한 기업의 재무상태표에 기록된 자산이 심하게 저평가됐다는 사실을 확인했다면, 장부가치가 낮더라도 이 기업에 투자할 가치가 충분히 있는 것이다. 피터 린치는 "귀금속, 목재, 석유, 토지를 소유하고 있는 기업에서는 일반적으로 실제 자산의 일부만 장부에 기입되어 있다"[113]라고 조언한다. 한 기업의 장부가치는 재무상태표에서 쉽게 계산할 수 있다. 그리고 재무상태표는 모든 주식회사의 사업보고서에 담겨 있다.

주가현금흐름비율(PCR)

"주식을 매수하는 근거로 현금흐름Cash Flows을 제시할 때, 이때의 현금흐름은 잉여현금흐름이라는 점을 확실히 짚고 넘어가자. 잉여현금흐름이란 정상적으로 투자에 지출하고 남은 현금을 말한다."[114] 현금흐름이라는 말을 들어보았을 것이다. 기업에서 매달 발생하는 수입과 지출의 차를 뜻한다. 현금흐름이 원활한 기업일수록 더욱 과감한 투자를 할 수 있고, 그 반대일수록 자금난에 가로막혀 사업 확장을 주저하게 된다. 따라서 현금흐름은 투자 여부를 결정하는 데 매우 중요한 기준이다.

그중에서도 주가현금흐름비율Price Cashflow Ratio(PCR)이라는 지표가 있다. PCR은 주가를 주가현금흐름으로 나눈 것이다. 주가현금흐름은 당기순이익 등을 통해 추산한 기업의 현금흐름을 총 발행 주식 수량으로 나눈 값이다. 예를 들어 기업의 현금흐름이 1만 달러고 총 발행 주식 수량이 1000주라면 주가 현금흐름은 10이다. 주가현금흐름 수치가 높을수록 투자 가치가 높다고 할 수 있다. 만약 주가가 100달러고 주가 현금흐름이 10이라면 PCR은 10이다. PCR은 주가 현금흐름과는 반대로 수치가 낮을수록 유리하다.

린치는 PCR이 10만 되어도 매우 양호한 기업이라고 평가했다. "만약 주가현금흐름이 10이고 주식의 가격이 20달러인 종목을 찾았다면, 즉 PCR이 고작 2에 불과한 종목을 찾았다면 나는 당장 가족들을 모텔로 보낸 뒤 집을 담보로 대출을 받아서라도 그 주식을 전량 매수할 것이다."[115]

물론 돌다리도 두드리고 건너야 하는 법이다. PCR을 기준으로 해당 주식을 검토한 결과 정말로 저평가된 주식이 확실하다면, 앞으로도 현금흐름이 풍부할 것인지 반드시 확인해야 한다. 예를 들어 일부 원자재 기업들 중에서는 마지막 남은 현금까지 모두 투입해 무리한 사업을 추진하는 경우도 있기 때문이다. 이런 기업은 특정 분기에는 PCR이 매우 양호할 수 있지만 시간이 흐를수록 지출의 비중이 올라가면서 현금흐름이 급격히 악화될 우려가 있다. "그래서 나는 생산 장비에 신규 자금을 계속 투자할 필요가 없는 기업을 선호한다. 들어오는 돈과 나가는 돈을 신경 쓸 필요가 없기 때문이다."[116] 린치는 비싼 생산 장비 비용이 매우 많이 드는 기업의 예로 제철소를 들었다.

재고

린치는 투자자들에게 주식 매수를 결정하기 전에 기업의 재고 상태를 정확하게 살펴보라고 조언했다. 재고가 지나치게 증가하고 있다면 이 기업에 대한 투자는 접는 편이 낫다. 피터 린치는 이 상황을 냉소적으로 표현했다. "당신이 투자하려는 기업이 어떤 재고 상품을 보관하려고 직원들의 주차장을 사용하기 시작했다면, 그래서 직원들이 틀

툴거리며 자동차를 먼 곳에 주차하고 출근해야 한다면, 이 것은 둘도 없는 매도 신호다!"[117]

최신 사업보고서를 살펴보고 재고 변동 상황에 유의하자. 아니면 시간을 내서 기업을 직접 방문해 보자. 린치의 말처럼 재고가 쌓여 있어서 주차 공간이 부족하다면 이 투자는 회의적이라고 판단해야 한다. "재고는 언제나 매출보다 훨씬 더 빨리 증가한다. 따라서 재고가 증가한다는 것은 매출이 증가하는 신호라고 여길 수도 있다. 하지만 매출 증가율보다 재고 증가율이 더 커진다면? 제조 업체나 소매 업체의 재고 증가는 치명적이다. 계속해서 재고가 증가하는 것은 해당 기업에 문제가 생겼다는 첫 번째 경고 신호라고 봐야 한다."[118]

* * *

PCR이든 PEG든 PER이든, 수치만 보고 경솔하게 투자를 해선 안 된다. 기업의 모든 정보가 만인에게 공개되고 실시간으로 주가가 변동되는 시대에 몇 가지 수치만으로 진정한 '저평가 주식'을 찾는 방법이란 존재하지 않는다. 나뿐만 아니라 다른 사람 모두가 알고 있는 정보란 더 이상 비밀이 아니기 때문이다. 따라서 린치는 수치를 통한 분석은 매수를 결정하는 1차 거름망으로만 활용하라고 조언한다. 그렇다면, 투자의 성패를 가르는 2차 거름망은 무엇일까? 린치는 '경험'이라고 말한다.

하락장에서 당신이 불안한 이유는

공부도 하지 않고 쓰레기 같은 회사에

당신이 평생 모은 돈을 털어 넣었기 때문이다.

어떻게
진짜만 남길 것인가

전 세계의 수많은 주식 종목을 검토하며 산전수전을 다 겪은 피터 린치는 금융 지표만으로 최종 투자 여부를 결정하기에는 부족하다고 말한다. 다양한 수치를 동원해 자신만의 투자 리스트를 만든다고 해도 최종 결정은 결국 인공지능 기계가 아니라 사람이 해야 하기 때문이다. 좋은 종목을 고르는 가장 현명한 방법은 경험으로 쌓은 풍부한 데이터베이스를 활용하는 것이라는 사실을 린치는 잘 알고 있었다. 몇몇 금융 지표를 통해 추출해낸 투자 리스트 중 '진짜'

만 남기려면 무엇을 더 봐야 할까?

진짜 주식: 피터 린치가 최종 필터링에서 통과시킨 주식들

기본 데이터는 수학적으로 유도할 수 있는 구체적인 결정 기준이다. 린치는 이런 기준 외에 풍부한 현장 경험을 바탕으로 투자에 유리한 상황들을 다음과 같이 정리했다. 린치의 조언은 너무 빤한 얘기처럼 들릴 수 있겠지만 실제로 수많은 사례를 통해 검증된 것들이다.[119]

- 스타킹이나 모텔 체인처럼 당신이 잘 아는 기업
- 이름이 지루하거나 웃긴 기업
- 병마개처럼 사소한 아이템을 주력 사업 모델로 하는 기업
- 불쾌한 물질을 취급하는 기업 (린치는 원유 폐기물과 튀김유를 처리해서 돈을 버는 세이프티 클린Safety-Kleen이라는 회사를 예로 들었다.)
- 대기업에서 이제 막 분리되어 독립한 기업

- 대형 투자자들이 투자 대상으로 생각하지 않고 애널리스트들이 관심을 보이지 않는 기업
- 안 좋은 소문이 돌고 있거나 평판이 좋지 않은 기업 (이런 곳에 투자해서 오히려 수익을 내는 경우가 많다. 대표적인 예로 린치는 쓰레기 처리 업체나 마피아와 연관됐다는 소문이 자주 들리는 카지노 사업자를 꼽았다.)
- 장례 업체처럼 우울한 아이템들을 사업 모델로 하는 기업[120]
- 천천히 성장하는 업계 (이 분야는 직원 수가 많지 않기 때문에 투자자에게 유리하다.)
- (적어도) 한 지역에서 독점적 지위를 갖고 있는 틈새 기업 (대표적인 예로 채광 산업이나 지역 신문사를 들 수 있다.)
- 소비재 상품을 대량으로 생산하는 기업 ("나는 장난감보다는 약, 소프트드링크, 면도기, 담배를 생산하는 업체에 투자하겠다."[121])
- 신기술 자체를 다루는 기업이 아니라 그러한 신기술을 활용해 새로운 비즈니스 모델을 구축한 기업 (린치는 신기술에 투자하지 말라고 권했지만, 신기술을 응

용한 분야에는 투자할 가치가 있다고 봤다. 예를 들어 바코드 스캐너를 생산하는 업체에 대한 투자는 리스크가 큰 편이지만, 신기술을 이용하여 시간을 절약하는 슈퍼마켓 체인에 투자하면 성공할 가능성이 크다는 뜻이다.)

- 경영진과 직원에게 전폭적으로 투자하는 기업[122]
- 자사주를 매입하는 데 적극적인 기업

가짜 주식: 피터 린치가 최종 필터링에서 탈락시킨 주식들

린치는 자신의 저서에서 매수하지 말아야 할 주식 종목의 기준도 소개했다.[123]

- 핫한 업계의 핫한 주식 (화려하게 광고하고 모든 투자자가 거론하는 주식은 피하라. 린치는 이렇게 말했다. "'이것만은 반드시 사야 한다' 식의 조언은 가장 먼저 무시해야 하는 조언이다!"[124])
- '뉴 애플 주식', '뉴 마이크로소프트 주식' 등 시장 선도 업체의 후발주자라는 이름으로 거래되는 회사

의 주식

- 확장 전략을 추진한다면서 듣도 보도 못한 기업을 인수한다는 소식이 들리는 기업

- 비밀 팁이라면서 음지를 통해 유통되는 주식 (인터넷 시대인 만큼 요즘에는 이런 '찌라시 주식'에 관한 정보가 넘쳐난다.[125])

- 처음으로 주식 시장에 상장되어 검증된 수치가 없는 기업의 주식

- 기업 공개Initial Public Offering(IPO) 주식

- 고객사가 한 곳뿐이거나 소수인 납품 업체의 주식 (이런 기업들은 고객에 대한 의존도가 매우 높기 때문에 공급 계약이 체결되지 않으면 심각한 문제가 생길 수 있다.)

- 트렌디한 이름이나 표현이 붙어 있는 주식 (2000년대 초반 닷컴 버블 때 이른바 '닷컴'이라는 이름이 붙은 기업의 주식들이 불티나게 팔렸다. 지금은 '클라우드'나 '카나비스Cannabis'라는 이름이 붙은 기업의 주식들이 맹목적으로 팔리고 있다. 참고로 '카나비스'의 뜻은 대마초다.)

프로들은 기업에 끊임없이 전화를 한다.

그런데 아마추어라고

전화를 못 할 이유가 어디에 있는가?[126]

매수 직전 당신이
반드시 해야 할 일

린치는 자신의 이름값과는 어울리지 않게도, 무척이나 엉덩이가 가벼웠다. 그는 자신이 투자하려는 기업의 대표들과 끊임없이 통화했다. 필요하다면 전 세계를 무대로 어디든 날아갔다. 잠재적 투자 대상을 찾기 위해 기업에 방문하는 일도 서슴지 않았다. 그는 어느 장막 뒤에 숨어 혼자만의 공간에서 웅크린 채 사람들이 아직 발견하지 못한 미지의 종목을 찾아내 투자하는 신비로운 마법사 같은 투자가가 아니었다.

마젤란 펀드가 승승장구하자 자신의 회사를 소개하기 위해 피델리티로 직접 찾아오는 대표들이 많아졌다. 아마 성공에 도취한 일반적인 펀드매니저였다면 이들의 방문이 달갑지 않았을 것이다. 유치한 자금은 이미 충분했고, 회사 소개서를 들고 찾아올 정도라면 보나 마나 영세한 규모의 회사일 것이기 때문이다. 하지만 린치는 달랐다. "나는 한 달에 한 번 하루를 통으로 비워 각 산업 분야의 대표들과 만나 대화를 나눴습니다."[127]

피터 린치가 이런 식으로 회사 대표들과 대화를 나눈 횟수는 매년 늘어났다.[128]

- 1980년: 214회
- 1982년: 330회
- 1983년: 489회
- 1984년: 411회
- 1985년: 463회
- 1986년: 570회

린치는 자신이 나눴던 대화 내용을 기록으로 꼼꼼하게 남겼다. "나는 대표들과 대화를 나눈 후 (…) 낡은 노트에 메모했다. 이 메모장 맨 위에는 회사명과 현재 주가를 적었고, 그 아래에 내가 들은 회사에 관한 모든 정보를 한 꼭지 또는 두 꼭지 정도로 요약해 적었다. 나는 모든 주식 투자자가 이런 스토리를 요약해 놓은 노트를 가지고 있으면 도움이 될 것이라고 확신한다. 이렇게 메모를 해놓지 않으면 주식을 매수한 이유를 금세 잊어버리기 때문이다. 주식을 하는 사람들에게 수첩은 필수품이다."[129]

린치는 회사 대표들과의 대화를 통해 경쟁 업체에 관한 정보도 얻었다.[130] 그러다 보니 종종 내부자 정보를 받기도 했다. "나는 항상 그들에게 '어느 회사를 주요 경쟁 업체라고 생각하십니까?'라는 말로 대화를 마무리했다. (…) 그들에게는 미안했지만, 나는 되레 경쟁 업체들의 주식을 매수할 때가 꽤 많았다."[131] "현재 투자하고 있는 기업에 경쟁 업체를 물어보는 것도 주식으로 성공할 수 있는 테크닉 가운데 하나다."[132]

어떤 주식에 투자할지 결정했다면 매수하기 전에 회사 대표와 대화를 나눠보라. CEO와 직통으로 연결되기는 쉽지 않다. 하지만 투자자 관리를 담당하는 부서의 직원이라면 틀림없이 기업에 관한 정보를 설명해줄 것이다(그들은 그런 일을 하기 위해 존재한다).

만약 당신이 다른 투자처를 찾고 있다면, 현재 투자하고 있는 회사 담당자에게 어느 회사를 경쟁 업체라고 생각하는지 솔직하게 물어봐라. IR 담당자 이름은 대개 해당 기업의 홈페이지에서 쉽게 확인할 수 있다.

대화가 성사됐다면 메모하는 것을 잊지 마라. "나는 항상 점심 식사와 미팅에서 만났던 사람들의 이름을 지나치다 싶을 정도로 정확하게 메모했다. 내가 수년간 반복해서 통화하고 대화를 나눴던 이 사람들이 나에게는 소중한 자산이 되었음은 두말하면 잔소리다. 이것이 내가 다른 펀드매니저들과 달랐던 유일한 점이었다."[133]

이처럼 피터 린치는 주식투자에서 늘 실속을 따졌다. 심지어 그는 각 기업의 투자 보고서를 볼 때 컬러 사진이 얼마나 많이 삽입되어 있는지를 투자를 결정하는 기준 중 하나로 삼기까지 했다. "나는 모든 조건이 우열을 가리기 힘들 정도로 비슷할 경우, 두 기업의 연도별 재무 보고서에서 컬러 사진이 가장 적은 기업을 택했다. 외양을 꾸미지 않을수록 내실이 탄탄한 기업일 확률이 높을 것이라고 생각했기 때문이다."

주식을 매수하기 전에

가족의 재정 상태를 살펴보는 것도 중요하다.[134]

투자를 왜 시작했는지
한순간도 잊지 마라

당신이 집, 그러니까 자가 주택을 샀다고 가정해 보자. 피터 린치의 표현을 빌리자면 당신은 훌륭한 '예방 전략'을 취한 셈이다. 만약 차후의 투자가 망할지라도 최악의 상황만큼은 피할 수 있을 테니까 말이다(투자한 돈을 날려도 당신은 당신 명의로 된 집에서 아늑하게 살면 된다). 피터 린치는 우선 자신이 살 집을 확보한 다음에 주식 투자를 시작해야 한다고 강조했다. "당신의 일상을 해치지 않을 정도로만 투자하라. 그 돈을 모두 잃어도 된다는 생각이 들지 않는다면 투자를 멈추는 것이 현명하다."[135]

주식 투자를 하기 전에, 먼저 가계부를 작성하고 자금을 마련하자. 살림을 꾸리는 데 필요한 비용을 먼저 확인하자. 그러려면 식비, 의류비, 전기와 수도 요금, 보험료, 각종 세금, 휴가비, 대출 이자 등 자신이 매달 얼마나 지출하는지 정확하게 정리해 놓은 자료가 필요하다. 우리는 이를 가계부라고 부른다.

가계부에는 교육비, 자동차 수리비, 주택 관리비 등 중기적으로 필요한 지출 목록도 추가하라. 교통사고를 당하거나 자동차에 심각한 결함이 발생해 큰돈을 쓰게 될 경우도 고려해야 한다. 예상치 못했던 사건이나 사고를 대비해 여유 자금도 마련해 두어야 한다. 그런 다음 1년 동안 쓸 예상 총지출 금액을 구한 뒤, 지금까지 벌어들인 소득 규모를 바탕으로 올해 내 예상 총소득을 계산해 그 둘을 비교하라. 예상 총지출보다 예상 총수입이 많을 것 같다면 그 차액을 주식에 투자하자.

여전히 모호하다면? 훈련이 선수를 만든다!

"운전면허를 딸 때처럼, 투자를 할 때도 훈련이 먼저다."[136] 린치는 초보 주식 투자자들에게 주식 투자 훈련을 먼저 하라고 조언했다. 예를 들어 인터넷에 들어가면 모의 주식 투자 사이트가 있다. 이런 사이트에서는 가상으로 주식을 매수한 다음 오랫동안 주가 변화를 관찰할 수 있다. 피터 린치는 주식 스터디에 가입해 공부하는 것도 적극적으로 추천한다. "대다수 사람은 혼자 거래할 때보다 어느 모임에 속해 투자할 때 더 좋은 투자 실적을 낸다."[137]

어쩌면 당신은 이 모든 걸 다 신경 써야 한다는 사실이 무척 부담스럽게 느껴질지도 모른다. 하지만 잊지 마라. 당신은 당신의 삶을 도약시키기 위해 투자를 시작했다. 당신은 더 나은 삶을 살기 위해 투자를 시작했다. 처음의 이 마음을 잊지 않는다면 당신은 결코 무너지지 않을 것이다. 이것이 투자로 성공하는 가장 큰 비결이다.

백미러로는 미래를 볼 수 없다.

과거 사건으로 미래를 예단하지 마라.

첫 주식을 산 뒤
당신이 지켜야 할 원칙

---------------------- **투자 레슨 9** ----------------------

주식 계좌를 개설하고 처음으로 주식을 매수했다고 해서 다 끝난 것이 아니다. 피터 린치는 주식 계좌를 관리하는 데에도 특별한 요령이 필요하다고 주장한다.

몇 개의 주식에만 집중하자

"아무 생각 없이 다양한 종목에 투자하는 것은 개미 투자자들에겐 끔찍한 일이다."[138] 린치는 개미 투자자가 주식을 매수할 때는 늘 전체를 보는 눈을 가져야 한다고 조언한다. 이는 주식을 선택하고 검토하거나 자신의 계좌에 있는 모든 주식을 정기적으로 체크하는 데 많은 시간이 필요하다는 뜻이다. 린치는 개미 투자자에게 가장 이상적인 주식 수까지 언급했다. "나는 소액 투자 계좌인 경우 3개의 종목에서 10개의 종목 정도에 투자하는 것이 적합하다고 생각한다."[139]

중요한 것은 주가가 많이 오를 만한 주식들을 선택하는 것이다. "1개의 종목에 투자하는 것보다는 10개의 종목에 투자하는 게 훨씬 더 성공 확률이 높다. 10개 중 1개 종목만 성공해도 무승부일 테니까 말이다. 하지만 수익률은 비교도 할 수 없을 정도로 처참할 것이다. 그럼에도 불구하고 주식 투자에 성공했다는 성취감을 맛보고 싶다면 10개의 종목에 투자하는 것을 말리진 않겠다."[140]

너무 많은 주식을 사지 마라. 주식에 관한 정보를 조사하는 데 충분한 시간을 투자하고, 궁극적으로는 높은 성장률을 확신할 수 있는 기업의 주식을 찾아보자. 당신이 선택한 주식이 '텐 배거', 그러니까 10배 상승하는 주식이 될 수도 있다. 피터 린치는 이렇게 말했다. "주가가 10배 오를 만한 주식 몇 개만 찾아도 성공한 인생이다. 이 정도만 되어도 더 바랄 것이 없다."[141]

인내하며 지켜보자

"좋은 회사 주식을 샀다면 끝까지 쥐고 있어라!"[142] "확실한 주식을 찾았다면 나머지는 시장에 맡겨라."[143] "주가가 오르든 내리든 한 가지 전략을 끝까지 밀고 나가면 장기적으로 이윤을 극대화할 수 있다. 내가 장담한다."[144] 피터 린치는 한 주식을 집중적으로 검토한 후 투자를 결정했다면 이 주식을 끝까지 붙들고 있어야 한다고 말했다.

워런 버핏도 같은 생각이었다. 베어마켓이라고 성급하게 주식을 팔지 말자. 해당 기업의 자산 상태가 악화되지 않는 이상 주식을 끝까지 쥐고 있어라. "주식 투자로 실패하는 지름길은 겁이 나서 도망치는 것이다."[145]

포트폴리오를 정기적으로 체크하자

"투자 포트폴리오에 있는 회사들을 일일이 체크하고, 지난해보다 다음 해에 주가가 더 많이 오를 것으로 예상되는 이유를 찾아보라. 주가가 오를 이유가 없다면 이 주식을 계속 갖고 있어야 할지 고민해 봐야 한다."[146]

정기적으로 포트폴리오를 체크하자. 기본 데이터를 살펴보고 지난번에 체크했을 때와 비교해서 어떤 변화가 있는지 확인해 보자. 심각하게 부정적인 변화가 있다면 매도를 고민해 봐야 한다. 이와 마찬가지로 호재의 이유가 사라졌다면 그 주식을 더 이상 들고 있을 필요가 없다.

피터 린치는 아주 구체적인 조언을 덧붙였다. "훌륭한 포트폴리오라면 정기적으로 대략 6개월에 한 번씩 체크할 필요가 있다."[147] "단, 기업의 기본 데이터에 큰 변동 사항이 없다면 한 주식을 오랫동안 계속 보유하는 것이 합리적이다."[148]

언제 매도해야 하는가

"어떤 사람들은 오르는 주식은 팔고, 떨어지는 주식은 쥐고 있다. 꽃을 뽑고 잡초를 가꾸고 있는 것이다. 그렇다면 떨어지는 주식을 팔고 오르는 주식을 사야 할까? 하지만 이 방법도 딱히 더 좋은 것 같지는 않다. 중요한 것은 무엇을 사고 파느냐가 아니라, 언제 사고 파느냐다."[149]

피터 린치에게 주식 매수의 표준이나 공식 같은 것은 없었다. 그는 자신이 매수한 주식들에 어떤 변동 사항이 있는지 정기적으로 체크했을 뿐이다. 그는 주식을 매수할 때 자신이 예상했던 것을 꼼꼼하게 메모한 뒤, 시간이 흘렀을 때도 그 정보들이 유효한지만 확인했다.

예상과 달리 주가가 오르지 않는 주식은 과감하게 팔아야 한다. PER이 많이 상승했거나 업계 평균보다 훨씬 높아졌는가? 매출이나 제품에 대한 수요가 감소했는가? 재고의 양이 회사 주차장이 부족할 정도로 증가했는가? 이는 해당 주식을 팔고 긍정적인 변화를 보이는 다른 주식으로 갈아타야 한다는 마지막 신호다. 지금까지의 수업을 성실히 다 듣고 본격적으로 투자의 항해에 나설 독자들에게 피터 린치의 마지막 조언을 전하고자 한다. "수익을 당연하게 여기는 생각은 주가가 큰 폭으로 하락하면 확실히 치유된다. 내가 겪어봐서 안다."

부록

피터 린치의 25가지 주식 투자 황금률

더 클래식 피터 린치 연대표

더 클래식 투자 용어 사전

피터 린치의 25가지 주식 투자 황금률[150]

1. 사전 조사 없는 투자는 투자가 아니다. 주식을 매수하기 전에 정확하게 살펴보고 분석하지 않는 것은 패를 보지 않고 포커를 치는 것이나 다름없다.

2. 당신이 잘 알고 있는 회사와 제품에 투자한다면 주식 전문가를 이길 수 있다.

3. 전문 투자자들의 의견을 일방적으로 따르지 마라. 무리에 휩쓸리지 않고 자신의 주관대로 투자한다면 시장을 이길 수 있다.

4. 주식이 있다면 주식을 발행하는 회사가 있기 마련이다. 당신은 이 회사에서 어떤 제품을 만드는지 반드시 확인해야 한다.

5. 장기적인 관점에서 성공한 기업과 주가 사이에는 100퍼센트의 상관관계가 있다. 하지만 단기적으로는 다를 수 있다. 성공한 기업에 투자했다면 인내심을 갖고 지켜보자.

6. 자신이 어떤 주식을 갖고 있는지, 왜 이 주식을 샀는지 반드시 알아야 한다. 주식 매수 후에는 반드시 메모를 하자.

7. 극단적인 아웃사이더는 목표를 놓치기 일쑤다.

8. 전업 투자자가 아닌 이상 정해진 수의 주식, 이를테면 8~12개의 기업 정도밖에 파악할 수 없

다. 따라서 당신의 포트폴리오에 5개 이상의 주식을 넣지 말아야 한다.

9. 관심이 가는 주식을 찾지 못했다면 투자하고 싶은 주식을 발견할 때까지 그냥 은행 계좌에 돈을 넣어두자.

10. 재무 상황을 파악하지 못한 회사에는 절대 투자해선 안 된다.

11. 이제 막 뜨겁게 달아오른 분야의 신생 기업은 웬만하면 무시하라.

12. 정 투자하고 싶은 신생 기업이 있다면 수익이 발생할 때까지 기다려라.

13. 위기를 겪고 있는 경제 분야에 투자하고 싶다면

끈기를 갖고 지켜보자. 이 분야의 경기가 회복될 조짐이 나타날 때까지 일단 기다리자.

14. 주식 투자로 성공하고 싶다면 확실한 주식에만 투자해야 한다. 여기저기 쓸데없이 투자하지 마라.

15. 세심한 투자자라면 전문가보다 먼저 모든 경제 분야와 모든 영역에서 성장 가능성이 큰 기업을 찾을 수 있다.

16. 주가 하락은 심각한 타격이 아니다. 패닉에 빠진 투자자들이 앞다퉈 매도할 때, 당신은 오히려 주식을 헐값에 매수할 수 있다.

17. 패닉에 빠지기 쉬운 사람이라면 주식이나 펀드에는 투자하지 마라.

18. 패닉에 관한 뉴스가 들리면 일단 무시하라. 주식은 기본 데이터의 수치가 크게 안 좋아졌을 때만 매도하라. 베어마켓이라고 해서 지구가 멸망하는 것은 아니다.

19. 전반적인 경제 진단은 무시하고, 당신이 주식 매수를 염두에 두고 있거나 이미 매수한 회사의 동향만 지켜보자.

20. 주식 시장은 항상 놀라운 일들이 반복된다. 월스트리트의 주식 전문가들이 오히려 주가 폭등이 예상되는 기업을 놓칠 때도 있다.

21. 장기적으로는 당신이 세심하게 선택하여 구성한 주식 포트폴리오가 채권 펀드나 MMF보다 수익률이 높다. 하지만 침대에 누워서 대충 구성한 주식 포트폴리오로는 결코 돈을 벌 수 없다.

22. 대단한 주식을 보유하고 있다면 그에 걸맞게 충분한 시간을 두고 지켜보자. 인내심을 가져라.

23. 주식에 투자하고 싶지만 시간과 인내심이 부족한 사람이라면 주식 펀드를 매수해라. 성장형 펀드, 소형주 펀드 등 다양한 펀드에 투자하는 것이 합리적이다. 단, 시도 때도 없이 이 펀드에서 저 펀드로 갈아타는 것은 합리적이지 않다.

24. 해외 투자 기회를 살펴보자. 성장 가능성이 보이는 국가의 펀드에 당신의 자본 중 일부를 투자하는 것도 좋다.

25. 투자는 재미있는 일이다. 이 점을 잊지 마라.

더 클래식 피터 린치 연대표

1944년　출생

보스턴의 한 평범한 가정에서 태어났다.

1955년　골프 클럽 캐디

열 살이 되었을 무렵 아버지가 뇌종양으로 세상
을 떠났다. 가족의 생활고를 덜기 위해 린치는
열한 살 무렵 보스턴 변두리에 있는 골프 클럽
에서 캐디로 일하기 시작했다. 골프 클럽에서의
경험은 린치가 나중에 주식 전문가로 성장하는
밑거름이 되어주었다.

1963년　첫 주식 투자

대학교 2학년 때 거대 운송기업 플라잉 타이거

에어라인스의 주식을 매수했다. 플라잉 타이거의 주가는 무려 10배나 뛰었고, 린치는 졸업할 때까지 학비를 충당할 수 있을 만큼 충분한 이익을 남겼다.

1966년   피델리티 인베스트먼트 입사

약 100명의 경쟁자를 제치고 당시 최고의 자산운용사로 꼽혔던 피델리티 인베스트먼트에 인턴 직원으로 입사했다.

1967년   ROTC 군 입대

필라델피아 와튼스쿨에서 MBA 학위를 받은 뒤 ROTC 포병 소위로 임관했다. 처음에는 텍사스에서 복무하다가 한국으로 파병되었다. 린치는 한국을 "주식과 거리가 멀다는 점이 유일한 단점인 나라"라고 회상한다.

1974년   증권 분석가로서의 출발

군 복무를 마치고 5년 후 피델리티 인베스트먼

트에 증권 분석가로 정식 입사했다. 당시 그의
연봉은 교사 연봉의 2배에 달했다.

1977년   피델리티 마젤란 펀드 총괄

회사에서 입지를 쌓은 린치는 그 유명한 '피델
리티 마젤란 펀드'의 운용 및 관리 업무를 총괄
하게 된다. 처음이자 마지막이었던, 펀드매니저
로서 가장 화려한 인생이 시작되는 순간이었다.

1987년   마젤란 펀드 100억 달러 달성

2000만 달러 규모에 불과했지만 린치가 대표를
맡은 지 10년 만에 100억 달러를 돌파하며 50배
이상 뛰었다. 당시 마젤란 펀드는 린치가 엄선한
약 1500개의 주식으로 구성되어 있었다.

1988년   린치 재단 설립

아내 캐럴린 린치와 린치 재단을 설립해 보스턴
로마 가톨릭교회의 신앙 활동과 교육 사업을 지
원하기 시작한다. 린치 재단은 지금까지도 사회

기부 활동을 하고 있으며, 보스턴의 저소득 가정 자녀 6만 명에게 장학금을 지원했다.

1989년   『전설로 떠나는 월가의 영웅』 출간

지난날의 투자 경험과 거기에서 얻은 깨달음을 대중의 눈높이에서 알기 쉽게 정리한 이 책의 원제는 '월스트리트보다 한발 앞서서(One Up on Wall Street)'였다. 이 책은 1990년 한국 증권가에 처음 소개되어 지금까지도 주식 투자자들 사이에서 교과서처럼 읽히고 있다.

1990년   펀드매니저 은퇴

마젤란 펀드는 총액 140억 달러를 달성하며 세계 최대 규모의 펀드로 우뚝 올라선다. 그러나 가족과의 삶이 더 간절했던 린치는 마흔여섯 살이 되던 해 돌연 증권계 은퇴를 선언했다.

2009년   '존경받는 보스턴인 학술협회' 명예 회원 위촉

마젤란 펀드의 대표로서 탁월한 능력을 인정받

은 린치는 보스턴 상공회의소가 주관하는 '존경받는 보스턴인 학술협회' 회원으로 위촉되었고, 이밖에 수많은 상을 받았다. 현재 그의 자산은 4억 5000만 달러로 추정된다.

더 클래식 투자 용어 사전

가치 상승형 펀드

특정한 투자 철학에 얽매이지 않고 자유롭게 구성된 펀드.
피터 린치의 마젤란 펀드가 대표적인 가치 상승형 펀드다.

가치투자

증권 분석의 한 방법으로, 기본적 분석의 변형이다. 가치투
자자들은 가격(주가)이 한 기업의 내재가치보다 낮을 때 투
자한다. 일반적으로 이런 기업의 주가수익비율은 낮고 배
당수익률은 평균치보다 높다. 가치투자자의 목표는 저평가
된 기업을 골라 투자하는 것이다. 가치투자는 1930년대에
미국의 투자가 벤저민 그레이엄과 데이비드 도드가 개발
했다.

공개 매수

특정 기업에 대한 통제권을 얻을 목적으로 주식을 대량으로 매수하는 행위. 기업에 대한 통제권은 해당 기업 주식의 30퍼센트 이상을 매수하면 얻을 수 있다.

공매도

매도 시점에 시장 참여자들의 소유 상태가 규정되지 않은 상태에서 주식, 상품, 외환 등이 매도되는 경우를 일컫는다. 일반적으로 나중에 더 낮은 가격으로 주식을 매입하려는 투자자들이 공매도를 이용한다.

관리 수수료

운용되고 있는 투자 펀드에 대해 펀드 소유주에게 매년 부과되는 수수료를 말한다. 이 수수료는 펀드 자산에서 공제되므로 그만큼 펀드 수익도 줄어든다.

국가 펀드

특정 국가의 기업에 투자하는 펀드. 수익률 변동 폭이 크지 않아 국가 펀드 투자자들은 인내심이 필요하다. 반주기적

매도에 치우치는 경향이 있으며 일반적으로 수수료가 높은 편이다. 환율 리스크가 결코 적지 않다는 것에도 유의해야 한다.

글로벌 주식 예탁증서

'GDR(Global Depository Receipts)'라고도 불린다. 증시에서 주식을 대리 거래할 수 있도록 허용하는 채무 증서 혹은 예탁 증서를 일컫는다. 미국 예탁증서와 마찬가지로 주식을 수탁하고 있는 금융기관에서 발행하지만, 글로벌 주식 예탁증서는 비미국계 금융 기관에서 발행한다는 점에서 다르다. 미국 예탁증서는 국내 증시에 상장되지 않은 해외 주식을 거래할 때 사용되는 대체 증권이다.

금융 지표

한 기업의 경제적 성과를 평가하는 모든 경영 지표를 말한다. 대표적인 예로 배당수익률, 자기자본비율, 자기자본수익률, 주가수익비율, 주가장부가치비율, 주가현금흐름비율, 주가매출비율 등이 있다.

기본적 분석

대차대조표 수치, 주가수익비율, 배당수익률 등 경영에 관한 기본 데이터를 바탕으로 기업을 평가하는 분석법.

기술적 분석

주식 시세를 중심으로 주가의 미래 가치를 분석하는 방법으로, 여기에서는 차트 분석을 의미한다. 과거 시세를 바탕으로 향후 주가 동향을 귀납적으로 추론한다.

기업 공개

주식회사가 주식 시장에 처음 상장하거나 첫 매도하는 것을 의미한다. 'IPO(Initial Public Offering)'라고도 불린다.

나인 배거

주가가 9배 상승한 주식을 일컫는다.

내재가치

대차대조표 혹은 금융 지표 분석을 바탕으로 평가된 한 기업의 가치. 내재가치는 자기자본과 숨은 자산의 합을 주식의 수로 나눈 것이다. 내재가치가 현재 주가보다 (월등히) 높을 때 주식은 저평가된 것으로 평가할 수 있다.

다우존스 산업 평균 지수

약칭 '다우지수'로 불리며 미국 투자 시장을 대표하는 주가지수다. 세계에서 가장 오래된 주가지수로, 1884년 찰스 다우가 산출했다. 참고로 미국 30대 상장 기업의 평균 주가지수인 다우지수는 주가지수가 아니라 시세지수다. 다우존스 산업 평균 지수는 배당금의 영향을 받지 않는다.

대차대조표

특정 시점 한 기업의 자산 상태를 비교해 놓은 표를 의미한다. 대차대조표의 차변에는 지출 내역을, 대변에는 자본의 출처를 기록한다. 모든 주식 투자의 기본 데이터로 활용되는 매우 중요한 지표다.

대형주

시가총액과 주가가 두루 높은 대기업 주식. 동의어로 '블루칩'이 있다.

데이비드 도드

미국의 경제학자이자 투자가. 그는 벤저민 그레이엄과 함께 컬럼비아대학교에서 가치투자 전략을 연구했다.

독일 종합주가지수

'독일 닥스 지수'라고도 불린다. 프랑크푸르트 증시에 상장된 기업 중 30대 기업을 대상으로 구성된 종합주가지수로, 세계 투자 시장에서 네 번째로 규모가 큰 독일 증시의 동향을 판단하는 지표다.

레버리지 상품

외부 자본을 투입하면 자기자본수익률이 높아질 수 있다. 투자 영역에서는 레버리지 효과는 소위 파생상품, 선물, 옵션, 레버리지 채무 증서 혹은 차액 결제 거래 등을 통해서 얻을 수 있다. 기준가가 원래 예상했던 방향대로 발전하면 상승 쪽으로 기울고, 기준가가 예상했던 것과 반대 방향으로 발전하면 손실 쪽으로 기운다.

마켓 멀티플

특정 주가지수의 평균주가수익비율을 말한다. 예를 들어 다우지수의 마켓 멀티플은 지난 약 30년간 평균 18을 기록했다.

머니마켓펀드

약칭 'MMF(Money Market Fund)'라고 불린다. 초단기 운용 채권에만 투자하는 채권 펀드를 말한다. 머니마켓펀드는 시장과 가장 유사한 금리를 달성하는 것을 목표로 한다.

미국 예탁증서

'ADR(American Depository Receipts)'라고 불린다. 증시에서 주식을 대리 거래할 수 있도록 허용하는 채무 증서 혹은 예탁 증서를 말한다. 주식을 수탁하고 있는 미국의 금융 기관에서 발행한다. 국내 증시에 상장되지 않은 해외 주식을 거래할 때 사용되는 대체 증권으로 활용되기도 한다.

미국 증권거래위원회

줄여서 'SEC(Securities and Exchange Commission)'라고 부른다.

워싱턴 D.C.에 있으며 미국의 주식 시장을 감독하는 기관이다.

발행 수수료

투자 펀드를 발행할 때 처음 한 번 부과되는 매입 수수료를 일컫는다.

발행인(발행기관)

유가증권(기업, 은행, 보험, 국가)을 발행하는 사람 혹은 기관을 말한다. 발행된 유가증권은 주식이 될 수도 있고 채권이 될 수도 있다.

배당금

수익에 참여하는 행위에 대한 대가. 규모와 지급 횟수 등은 주식회사의 주주총회에서 결의한다. 독일에서는 1년에 1회 배당금을 지급하는 것이 일반적이나, 미국에서는 1년에 4회 배당금을 지급한다. 배당금 지급일에 주주는 반드시 해당 주식을 보유하고 있어야 한다.

버나드 바루크

미국의 금융가이자 주식 투자자, 정치 자문, 자선가였다. 뉴욕 증시에서 성공하면서 그는 '월스트리트의 왕'으로 알려졌다. 바루크는 미국의 여러 대통령의 정치 자문을 담당했을 뿐만 아니라, 윈스턴 처칠 영국 총리 내각에서도 잠시 일했다.

법인

고유한 권리능력을 갖는 조직(기업이나 기관 투자가 등)을 말한다. 이때의 법인은 자연인에 대비되는 개념이다. 예를 들어 주식회사도 일종의 법인이다.

베어 마켓

마치 곰이 하염없이 엎드려 잠을 자듯 하락세가 지속되는 장을 일컫는다. '약세장'이라고도 한다.

벤저민 그레이엄

미국의 경제학자이자 투자자다. 데이비드 도드와 함께 뉴욕 컬럼비아대학교에서 기본적 분석을 개발했다. 훗날 투

자의 대가가 되는 존 템플턴과 워런 버핏도 당시 그의 제
자였다.

보통주

보통주 소유주는 정기 주주총회에서 발언권을 갖는다. 발
언권이 없는 주식을 우선주라고 한다.

부채율

한 기업의 자기자본에 대한 외부자본 비율을 일컫는다. 부
채율이 2라는 것은 그 기업의 외부자본이 자기자본의 2배
라는 뜻이다.

분산투자

투자 원금의 손실 위험을 줄이기 위한 투자법이다. 투자자
들은 자신이 보유하고 있는 투자 자금을 다양한 주식이나
채권, 펀드 등의 투자 유형으로 분산시켜 증시가 어떻게 변
하더라도 한꺼번에 악화되지 않도록 대비한다. 그러나 워
런 버핏은 지나치게 광범위하게 분산투자하는 전략은 투
자수익률을 떨어뜨린다며 거듭 경고한 바 있다.

불 마켓

마치 황소가 돌진하듯 상승세가 지속되는 장을 일컫는다. '강세장'이라고도 한다.

브로커

고객에게 주식을 매수하거나 매입하는 주식 중개인을 말한다. 투자 은행에서 고객을 위해 유가증권을 관리하거나 고객의 요청 사항을 처리하는 이들에게도 같은 명칭을 사용한다.

블루칩

대형 주식회사 중에서도 매출이 높은 주식을 블루칩이라고 한다.

상장지수펀드

'ETF(Exchange Traded Funds)'라고 불린다. 자산 구조가 지수를 기준으로 구성되고 평가되는 투자 펀드를 말한다. 상장지수펀드 관리는 큰 규모의 분석팀 없이 가능하기 때문에 관리 비용이 저렴하다. 상장지수펀드는 거의 모든 투자 유형에 적용할 수 있다. 상장지수펀드로 투자자들은 주식, 원자재, 채권, 파생상품 등에 손쉽게 투자할 수 있다.

상품가격연동증권

'ETC(Exchange Traded Commodities)'라고도 부른다. 유가증권을 발행하는 기관에서 기간 제한 없이 발행하는 채권 증서로, 항상 상품과 관련이 있다. 예를 들어 귀금속 상품가격연동증권은 금을 기준가로 삼는다. 유가증권거래소에서 거래된다.

선물

지정된 분량의 상품을 구체적인 가격과 정해진 기간 내에 매수 혹은 매도한다는 내용을 합의한 일종의 계약서다. 주식 시장에서 거래되는 선물을 '금융 선물'이라고 한다.

상향식 접근 방식

기업이나 주식을 분석할 때 전반적인 경제 동향과 시장 진단의 영향을 받지 않고 주식 그 자체의 가치와 미래 전망 등에만 집중하는 분석 방법. 이런 방식을 따르는 투자자들을 '보텀업 투자자'라고 부른다.

성과지수

자본 변동이나 배당금 규모를 반영해 평가하는 지수. 성과
지수의 대표적인 예가 '닥스 지수'다. 성과지수에 대응되는
개념을 시세지수라고 한다.

성장형 펀드

주로 평균 이상의 실적을 달성하고 강한 성장 잠재력을 제
공하는 기업의 주식에 투자한다. 대표적인 예로 '템플턴 그
로스 펀드'가 있다.

섹터 펀드

석유 산업, 자동차 산업, 소비재 산업 등 특정 업종에만 투
자하는 펀드.

소형주

시가총액 및 주가가 낮은 소기업 주식을 말한다.

수익

수익의 종류에도 여러 가지가 있다. 자기자본수익은 투입된 자기자본에 대한 이자를 말하고, 총수익은 투입된 자기자본과 외부자본에 대한 이자를 말한다. 매출수익은 일정 기간 동안의 수익을 백분율로 나타낸 것이다.

수익률

이자 수입이나 투자 수익을 원금으로 나눈 값이다.

스탠더드앤드푸어스 500 지수

약칭으로 'S&P 500(Standard & Poor's 500) 지수'로 부른다. 미국 주식 시장을 대표하는 지수다. 미국 500대 기업의 주가를 반영시켜 산출하며, 다우존스 산업 평균 지수와 마찬가지로 미국 경제 상태를 정확하게 반영하고 있다.

스톡피커

상장 기업 혹은 상장 기업의 주식을 계획적으로 투자하는 투자자들을 일컫는다.

스프레드(가산금리)

유가증권을 매수하거나 매도할 때 시세의 차익을 말한다.

시가총액

상장된 특정 기업 주식의 총 평가액을 말한다. 시가총액은 주가와 유통 주식 수를 곱하여 산출한다.

시세지수

성과지수와 달리 주식 그룹의 시세 동향만을 나타낸다. 시세지수에는 자본 변경 이력이나 배당금 규모 추이 등은 반영되지 않는다.

실적

주식, 투자 펀드, 상장 기업에 대한 자금 투자의 모든 시세 변동을 나타내는 개념이다.

아웃퍼포먼스

업계 평균치 혹은 각 시장의 일반적인 지수, 인덱스 펀드의 평균 수익률보다 훨씬 높은 주가 변동 추이를 말한다.

안전마진

주식을 매수할 때 손실 위험을 방어하는 쿠션. 가치투자자들은 안전마진을 확보하기 위해 늘 투자하기 전에 해당 투자 기업의 내재가치를 추정한다. 가치투자자들은 내재가치에 비해 주가가 약 20~25퍼센트 이상 저렴할 경우 안전마진이 확보되었다고 평가한다.

액면분할

고가의 주식을 외관상으로 매력적으로 보이게 하기 위한 조치다. 주식의 액면가를 분할하는 것이므로 주식 수는 증가하지만 자본금은 동일하다. 액면분할을 하면 주가가 하락한다. 주가가 낮아지기 때문에 신규 투자자들에게는 진입 장벽이 낮아진다. 기존 주주들은 액면분할로 무상증자를 하지만, 주식의 가치는 동일하다. 액면분할로 주식의 수가 두 배로 늘어나는 경우 기존의 주주들은 두 배의 무상증자를 하는 셈이다.

연금기금

법적으로 독립적인 기관으로, 한 명 이상의 고용인이 피고

용인에게 기업의 자본으로 운용되는 노령연금을 지급하도록 되어 있다. 피고용인은 연금기금에 지급을 청구할 권리를 갖는다. 연금기금은 평생 분할 지급받거나 일시금으로 지급받을 수 있다. 독일에서는 연금기금의 최대 90퍼센트를 주식에 투자할 수 있다. 연금기금으로 채권, 투자 펀드, 부동산, 채무 증서 등에 제한 없이 투자할 수 있다. 연금기금을 잘 활용하면 투자에서 큰 이득을 볼 수 있다.

외부자본

한 기업의 채무와 예비비로 구성된다. 쉽게 말해 대출, 저당 등을 뜻한다. 한 기업에 제공하는 모든 외부 자본을 뜻한다. 대차대조표에는 채무로 기입된다. 외부자본에 대비되는 개념은 자기자본이다.

우선주

수익 분배에 우선권을 갖는 주식으로 보통주보다 할당되는 배당금이 많다. 그러나 우선주 소유주는 정기 주주총회에서 발언권이 없다.

우호적 매수

공개 매수 계획 발표 전에 매수자와 피매수자가 합의에 도달한 경우를 뜻한다.

워런 버핏

미국의 가치투자자이자 대부호다. 투자사 버크셔해서웨이를 설립했다. 버크셔해서웨이의 'A주식'은 전 세계에 상장된 주식 중 가장 시세가 높다.

이사회

주식회사의 세 조직 가운데 하나다. 주식회사 이사회의 핵심 업무는 기업을 관리하고 법정과 법정 외에서 기업을 대표하는 것이다.

인덱스 펀드

다우지수 등 주가지수를 모방하는 주식 펀드를 말한다. 현재는 대개 상장지수펀드라는 의미로 사용된다.

잉여현금흐름

투자에 당장은 필요하지 않은 현금흐름을 일컫는다.

자기자본

한 기업의 자기자본은 기업의 자산에서 부채를 공제한 것이다. 달리 표현해 자기자본은 창업자가 기업에 투자한 자본과 기업 활동을 통해 벌어들인 모든 수익을 말한다. 자기자본에 대비되는 개념은 외부자본이다.

자기자본비율

한 기업의 총자본(대차대조표 총액)에 대한 자기자본의 비중을 나타내는 금융 지표다. 자기자본비율은 한 기업의 자본 구조와 기업의 신뢰성에 관한 정보를 제공한다. 권장되는 자기자본비율은 업종에 따라 다르다.

자기자본수익률

관찰 기간 동안 한 기업의 자기자본에 얼마나 많은 수익이 발생했는지 알려주는 지표. 수익을 자기자본으로 나눈 값이다.

자본

한 기업의 자본은 자기자본과 외부자본으로 구성된다. 대차대조표에서 부채라고 표현한다.

장부가치

한 기업의 자산 가치(현재 자산)에서 부채를 차감한 것이 장부가치다.

장외 거래

장외에서 주식을 거래할 경우에 사용되는 개념이다. 'OTC'라고도 불리는데, OTC는 영어로 'Over The Counter' 약자다. 이는 '계산대 뒤에서'라는 뜻이다.

재무상태표

한 기업의 모든 재무 현황을 일목요연하게 정리한 문서.

적대적 매수

이사회, 감독위원회, 종업원의 사전 합의 없이 이뤄지는 주식회사의 공개매수.

전환 사채

채권의 일종으로, 주식회사에서 외부 자금을 조달할 목적으로 발행할 수 있다. 전환 사채의 보유자는 정해진 기간에 해당 기업의 주식으로 전환할 수 있다. 주식으로 전환하지 않으면 채권과 동일하다.

정기 주주총회

법으로 정해진 주주들의 모임으로, 한 기업의 보통주 보유자는 누구나 이사회의 초청을 받아야 한다. 정기 주주총회는 1년에 한 번 개최된다. 특별 안건이 있는 경우 임시 주주총회 소집도 가능하다. 정기 주주총회에서 이사회와 감독위원회, 이른바 주식회사 이사회의 업무 집행이 승인되고, 수익 사용이나 정관 결정을 결의한다. 증자, 인수 등 중차대한 사안을 협의한다.

정크 본드

'쓰레기 채권'이라는 뜻으로 원리금 상환 불이행의 위험이 큰 채권을 말한다. 재정 상태가 취약해 은행의 대출 승인을 받을 수 없는 기업들이 정크 본드를 발행한다. 리스크가 높기 때문에 일반적으로 금리가 높다.

존 템플턴

템플턴 그로스 펀드를 설립하였으며, 주식 역사상 가장 성공한 펀드매니저로 손꼽히는 인물이다.

주가 변동성

일정한 관찰 기간에 대한 한 주식의 표준편차(변동폭)를 일컫는다.

주가지수

주식 시장의 시세 변동을 수치로 나타낸 것이다.

주가매출비율

'PSR(Price Sales Ratio)'라고도 불린다. 특히 손실을 입은 주식의 가치를 평가하는 데 사용된다. 공산품 기업, 도매업, 원료 제조업 등 수익이 경기 동향에 좌우되는 주기성 주식의 경우, 주가매출비율을 평가의 기준으로 삼는다. 주가매출비율이 비교적 낮은 기업은 그렇지 않은 기업에 비해 가격

조건이 유리하다고 간주한다. 주가매출비율은 특정 종목의
시가 총액을 1주당 매출액으로 나눠 계산한다.

주가수익비율

'PER(Price Earning Ratio)'이라고 부른다. 한 기업의 주가가
현재 수익의 몇 배인지를 나타내는 금융 지표다. 주가수익
비율은 주식 평가 시 가장 많이 사용되는 지표다. 그러나
손실을 입었을 경우 주가수익비율은 평가 기준으로 설득
력이 없다. 이 경우에는 주가현금흐름비율을 기준으로 적
용한다. 주가수익비율은 주가를 주가순이익으로 나눠 계산
한다.

주가장부가치비율

'PBR(Price Book Value Ratio)'이라고 부른다. 주가장부가치비
율은 워런 버핏, 벤저민 그레이엄 등의 가치투자자들이 주
식과 기업을 평가하는 데 주로 사용했다. 주가장부가치비
율이 낮을수록 주가가 낮다. 주가장부가치비율은 가치투자
에서 특히 많이 사용된다. 주가장부가치비율은 주가를 주
가장부가치로 나눠 계산한다. '주가순자산비율'이라고도

한다.

주가순이익성장비율

'PEG(Price Earnings to Growth Ratio)'이라고 부른다. 주가순이익성장비율은 성장주가 저평가 혹은 고평가되었는지 판단하는 기준으로 활용된다. 주가순이익성장비율이 1보다 낮은 경우 저평가되었다는 뜻이다.

주가현금흐름비율

'PCR(Price Cashflow Ratio)'이라고 부른다. 유동성을 가늠하는 금융 지표다. 손실이 발생한 경우 주가수익비율 대신 주가현금흐름비율이 적용된다. 이 경우 주가수익비율은 유동성 평가 기준으로서 설득력이 없기 때문이다. 특히 주가현금흐름비율은 기업 경영진이 분식 회계를 하는 경우 타격을 적게 입는다. 주가현금흐름비율이 낮을수록 주식의 가치가 높다.

주식

주식회사에 대한 지분을 증서로 발행한 유가증권이다. 주

식 소유주(주주)는 기본적으로 주식회사의 사원이다. 주식
회사는 주주에게 주식을 매도하여 자기자본을 마련한다.

주식 병합

주식을 병합하면 한 기업에서 발행한 주식의 수가 감소하
거나, 주식의 액면가가 상승한다. 주식 병합 결과 분할 비
율에 따라 주가가 상승한다. 예를 들어 주식이 지나치게 낮
은 가격으로 거래될 때 주식 병합이 이뤄진다. 바로 이때
페니스톡을 노리고 투자자들이 몰려들기도 한다. 주식 병
합의 반대 개념은 액면분할이다.

주식 옵션

계약으로 합의된 권리를 말한다. 주식 옵션은 거래 기간이
한정되어 있다. 대표적으로 콜옵션과 풋옵션 등이 있다. 콜
옵션은 옵션 거래 기간 동안 미리 정해 놓은 가격(행사 가격)
에 정해진 수만큼 매입할 수 있는 권리를 보장한다. 풋옵션
은 주식 시세가 상승할 때 적은 자본을 투입해 시세 차익을
노리는 투기 목적으로 이용된다. 따라서 풋옵션은 시장이
하락할 때 포트폴리오를 방어하는 안전장치로 활용된다.

주식 환매

주식회사가 자사에서 발행한 주식을 다시 매입하는 것을 주식 환매라고 한다. 일반적으로 주식 환매 후에는 주식의 가치가 상승한다. 또는 기업 인수를 막기 위한 조치로 주식 환매가 이루어지기도 한다.

주식형 펀드

펀드매니저가 관리하는 특별 자산으로, 다양한 주식에 투자하는 펀드다. 주식형 펀드 외에도 부동산 펀드, 연금 펀드, 혼합형 펀드가 있다.

주식회사

주식법 1조에 의하면 주식회사는 고유의 법인격이 있는 회사다. 주식에는 주식회사의 자본이 분할되어 있다. 주식회사는 자사 주식을 증시에 상장시킬 수도 있고, 증시를 통해 매도나 재매수할 수 있다.

증거금

흔히 레버리지 투자를 하는 매수자들이 결제를 이행할 때

지불하는 보증금을 말한다. 증거금은 투기가 잘못되었을 때 손실을 청산하는 데 사용된다. 선물 거래나 공매도에서도 증거금이 필요하다.

증시

주식 (혹은 다른 상품)이 거래되는 장소를 말한다. 뉴욕, 런던, 도쿄에 위치한 증권거래소가 가장 대표적이다.

짐 로저스

이른 나리에 주식 투자로 대성공을 거둔 미국의 투자자다. 로저스는 원자재 투자의 황제이자 중국 투자자로도 유명하다.

차액 결제 거래

약어로 'CFD(Contracts for Difference)'라고 불린다. 주식, 원자재, 통화 거래 시에는 시세 차익이 발생한다. 차액 결제 거래는 거래 당사자 간 이러한 시세 차익을 합의시켜주는 일종의 지불 합의다. 차액 결제 거래는 트레이더에게 일정한 기준을 정하지 않고 시세를 정할 수 있도록 허용한다. 차액 결제 거래는 투기성이 강하고 높은 수익을 달성할 수 있다는 점에서 매력적이다. 레버리지 효과가 발생하는 금융 상품으로, 자본을 적게 투입해서 수익을 크게 올릴 수 있다.

차익 거래

시간, 공간이 달라질 때 발생하는 가격 차이를 활용하는 투자법. 예를 들어 여러 지역에서 한 주식에 투자하는 경우 시세가 다를 수 있다. 이 경우 시세가 저렴한 지역에서 주식을 매입해, 더 높은 시세로 다른 지역에서 매도하면 시세 차익을 얻을 수 있다. 하지만 전자상거래 도입으로 시장의 투명성이 꾸준히 증가하면서 유가증권의 차익 거래는 그 의미를 잃고 있다.

찰리 멍거

미국의 법률가이자 가치투자자. 1978년부터 버크셔해서웨이의 부회장으로 활약 중이다.

채권

고정 금리의 유가증권을 말한다. 채권은 은행, 기업, 지방

자치단체 등 여러 기관에서 발행한다.

채권 펀드

주로 채권에 투자하는 투자 펀드를 말한다. 채권 펀드에 투자할 경우 특히 금리가 인하되는 시기에 수익을 얻을 수 있다.

채무

한 기업이 공개적으로 책임져야 부채의 총합을 일컫는다. 은행 대출, 각 기업이 발행한 채권(회사채), 고객이 아직 지불하지 않은 할부금 등을 모두 포함한다. 한 기업의 채무는 대차대조표의 대변에 기입한다.

청산

파생상품, 유가증권, 외환 등을 매입하거나 매도할 때 상쇄 거래를 통해 기존의 부채를 정리하는 것을 뜻한다.

총자본수익률

한 기업이 자본으로 만들어낸 수익의 비율을 뜻한다. 어떤 기업의 총자본수익률이 10퍼센트라는 것은 이 기업이 100달러의 자본을 투입해 10달러의 수익을 거뒀다는 뜻이다.

총자산이익률

한 기업이 자산으로 벌어들인 모든 당기순이익의 비율을 뜻한다. 총자산이익률이 10퍼센트라면 100달러의 자산을 투입해 10달러의 당기순이익을 거뒀다는 뜻이다.

캐시플로우

현금흐름을 뜻하는 단어로서 한 기업의 유동성을 평가하는 기준이다. 캐시플로우는 한 기업에 유입되고 유출되는 현금의 차이로 인해 발생한다.

퀄리티 성장 펀드

지속적인 성장세를 유지하고, 매년 최소 15퍼센트 이상의 수익 증가율을 보이는 중형 및 대형 기업들로만 이루어진 펀드를 부르는 명칭.

턴어라운드

어떤 기업이나 종목이 조직 개혁과 경영 혁신을 통해 실적이 개선되는 상황을 뜻한다.

투기꾼

장기적으로 투자할 목적이 아니라 단기적인 이익을 취하기 위해 주식을 매입한다. 투기꾼들은 리스크가 높은 주식에도 자주 투자한다. 독일어에서 '투기꾼'과 '무책임한 행위'는 동의어로 통한다.

투자 펀드

주식형 펀드, 부동산 펀드, 원자재 펀드, 채권 펀드 등으로 나뉜다. 여러 유형의 펀드에 투자하는 혼합형 펀드와, 여러 혼합형 펀드에 재투자하는 펀드 오브 펀드(재간접 펀드)로 구분하기도 한다. 투자 펀드를 구분하는 또 다른 기준은 접근성이다. 접근성에 따라 투자 펀드는 개방형 펀드와 폐쇄형 펀드로 구분된다. 개방형 펀드의 경우 언제든 채권을 거래할 수 있다. 폐쇄형 펀드인 경우 공모 기간에만 취득할 수 있고 만기가 되면 자본 회사는 펀드를 회수한다.

투자 지표

한 기업의 기본적 성과를 평가하는 모든 지표를 말한다. 배당수익률, 자기자본비율, 자기자본이익률, 주가수익배수, 주가순자산배수, 주가현금흐름배수, 주가매출배수 등이 포함된다.

트레이더

단기간에 유가증권을 매입하고 매도하는 전문 투자자. 이들은 수익성이 높은 분야에 투자해 시세 차익을 노린다.

티본드

10년에서 30년 기간을 두고 운용되는 미국의 단기 국채.

티빌

재무성 단기 증권. 한 달이나 1년 동안만 운용되는 미국의 단기 국채를 일컫는다.

파생상품

다른 금융상품의 시세 변동(기준치)에 따라 가격이 정해지는 금융상품. 파생상품은 각 기준치의 시세 변동을 크게 체감할 수 있도록, 즉 레버리지 효과를 낼 수 있도록 구성되어 있다. 파생상품은 주가가 하락했을 경우 손실에 대비할 수 있을 뿐만 아니라, 기준치보다 주가가 상승했을 때 수익을 얻을 수 있다. 가장 많이 거래되는 파생상품으로는 채무증서, 옵션, 선물, 차액 결제 거래 등이 있다.

펀드

라틴어에서 온 개념으로, 원래는 토지나 땅의 규모를 헤아리는 단위로 활용됐다. 자본주의 시대로 넘어와 펀드라는 단어는 자산과 자본을 아우르는 상위 개념으로 통용되고 있다. 투자 시장에서는 모든 투자 대상을 지칭하는 단어로 쓰인다.

펀드매니저

펀드를 관리하는 사람. 그들이 하는 일은 펀드 자산의 수익률을 최대한 높이고 투자하는 것이다. 펀드매니저는 투자 상황, 투자 원칙, 법적 투자 범위 내에서 투자를 결정한다. 피터 린치와 존 템플턴은 투자 역사에서 가장 성공한 펀드매니저로 손꼽힌다.

페니스톡

아주 낮은 가격으로 거래되는 주식을 말한다. 유럽에서는 1유로 미만으로 거래되는 주식을 말한다. 미국에서는 5달러 미만으로 거래되는 주식을 페니스톡이라고 부른다. 페니스톡은 주가 변동이 잦고 투기자들이 가장 좋아하는 투기 대상이다.

포트폴리오

한 투자자가 투자한 모든 자산군을 총칭한다.

포트폴리오 이론

광범위하게 분산된 포트폴리오를 통해 유가증권 투자에서 발생할 수 있는 리스크를 줄일 수 있다고 주장하는 이론. 포트폴리오 이론에 의하면 다양한 주식을 한 계좌에 예탁했을 때 유용하다. 포트폴리오 이론은 노벨경제학상 수상자 해리 M. 마코위츠에 의해 개발되었다.

피터 린치

피델리티 마젤란 펀드를 운용했으며 주식 역사상 가장 성공한 펀드매니저로 손꼽힌다.

하향식 접근 방식

추상적인 영역에서 점차 내려가 구체적인 영역으로 단계적으로 분석해나가는 투자 방식. 먼저 거시 경제와 업계의 전반적인 상황을 관찰하고, 특정 기업이나 원자재 등을 분석한다. '톱다운 투자'라고도 불린다. 이것과 반대되는 개념이 상향식 접근 방식(보텀업 투자)이다.

합병

두 개 이상의 독립적인 기업이 한 기업으로 합쳐지는 것을 말한다.

행동경제학

시장 참여자들이 보이는 비이성적인 행동을 심리학적으로 해석하는 경제 이런. 주식 시장에서 비이성적인 행동을 보이는 대표적인 예로, 벤저민 그레이엄이 만든 가상의 인물

'미스터 마켓'이 있다. 그레이엄은 미스터 마켓이라는 허구의 인물을 만들어 특정 상황에서 투자자들이 비이성적인 행동을 하는 이유를 설명했다.

헤지펀드

매우 자유롭게 투자 정책을 적용할 수 있는 투자 펀드다. 헤지펀드는 주로 투기나 헤징(가격 변동으로 인한 손실을 막기 위해 실시하는 금융 거래 행위-옮긴이)을 목적으로 하는 파생상품이다. 파생상품의 레버리지 효과를 통해 막대한 수익을 올릴 수 있지만 그만큼 손실 리스크도 매우 크다.

미주

1   Lynch, Peter; Rothchild, John, Lynch 3 – Der Weg zum Börsenerfolg, Kulmbach 1997, S. 10.

2   Lynch, Peter; Rothchild, John, Der Börse einen Schritt voraus, Kulmbach 2018, S. 9.

3   Lynch, Peter; Rothchild, John, Aktien für Alle, Kulmbach 1992, S. 11.

4   In: Der Aktionär (Ztschr.), Reich mit Aktien: Anlegen wie Super-Legende Peter Lynch, Kulmbach 16/2018.

5   Lynch, Peter; Rothchild, John, Lynch 3 – Der Weg zum Börsenerfolg, Kulmbach 1997, S. 11.

6   Lynch, Peter; Rothchild, John, Der Börse einen Schritt voraus, Kulmbach 2018, S. 37.

7   Lynch, Peter; Rothchild, John, One up on Wall Street, New York, 1989, S. 48.

8   Lynch, Peter; Rothchild, John, Der Börse einen Schritt voraus, Kulmbach 2018, S. 38.

9   Vgl. Marktbeobachtung, Kundenmagazin der HSBC f. Investoren und Trader 12/2015, Düsseldorf 2015, S.47f.

10   Lynch, Peter; Rothchild, John, Der Börse einen Schritt voraus,

Kulmbach 2018, S. 39.

11   Vgl. https://en.wikipedia.org/wiki/Francis_Ouimet

12   Vgl. Train, John, Die Formeln der Erfolgreichsten II, München 2006, S. 197f.

13   Lynch, Peter; Rothchild, John, Der Börse einen Schritt voraus, Kulmbach 2018, S. 41f.

14   Balsinger, Peter; Werner, F. (Hrsg.), Die Erfolgsgeheimnisse der Börsenmillionäre, München 2016, S. 202.

15   Lynch, Peter; Rothchild, John, Der Börse einen Schritt voraus, Kulmbach 2018, S. 42.

16   Lynch, Peter; Rothchild, John, One up on Wall Street, New York, 1989, S. 49.

17   Lynch, Peter; Rothchild, John, Der Börse einen Schritt voraus, Kulmbach 2018, S. 42f.

18   Lynch, Peter; Rothchild, John, One up on Wall Street, New York, 1989, S. 51f.

19   Lynch, Peter; Rothchild, John, Der Börse einen Schritt voraus, Kulmbach 2018, S. 45.

20   Balsinger, Peter; Werner, F. (Hrsg.), Die Erfolgsgeheimnisse der Börsenmillionäre, München 2016, S. 202.

21   https://usa.usembassy.de/etexts/his/e_g_prices1.htm

22   Lynch, Peter; Rothchild, John, Beating the Street, New York 1994, S. 84.

23   Vgl. Lynch, Peter; Rothchild, John, Aktien für Alle, Kulmbach 1992, S. 91ff.

24   Lynch, Peter; Rothchild, John, Aktien für Alle, Kulmbach 1992, S. 142.

25 Lynch, Peter; Rothchild, John, One up on Wall Street, New York, 1989, S. 29.

26 Vgl. Lynch, Peter; Rothchild, John, Beating the Street, New York 1994, S. 132.

27 Lynch, Peter; Rothchild, John, Aktien für Alle, Kulmbach 1992, S. 152.

28 Lynch, Peter; Rothchild, John, Beating the Street, New York 1994, S. 5.

29 Lynch, Peter; Rothchild, John, Aktien für Alle, Kulmbach 1992, S. 13.

30 Lynch, Peter; Rothchild, John, Beating the Street, New York 1994, S. 5.

31 Lynch, Peter; Rothchild, John, Aktien für Alle, Kulmbach 1992, S. 14.

32 Lynch, Peter; Rothchild, John, Beating the Street, New York 1994, S. 8.

33 Vgl. Train, John, Die Formeln der Erfolgreichsten II, München 2006, S. 198.

34 www.bostonmagazine.com/2006/05/15/the-50-wealthiest-bostonians/

35 Lynch, Peter; Rothchild, John, Der Börse einen Schritt voraus, Kulmbach 2018, S. 360.

36 http://www.thelynchfoundation.com

37 Vgl. Train, John, Die Formeln der Erfolgreichsten II, München 2006, S. 203.

38 Lynch, Peter; Rothchild, John, Aktien für Alle, Kulmbach 1992, S. 113.

39 Lynch, Peter; Rothchild, John, Beating the Street, New York 1994, S. 135.

40   Lynch, Peter; Rothchild, John, Aktien für Alle, Kulmbach 1992, S. 98.

41   Lynch, Peter; Rothchild, John, Aktien für Alle, Kulmbach 1992, S. 99.

42   Balsinger, Peter; Werner, F. (Hrsg.), Die Erfolgsgeheimnisse der Börsenmillionäre, München 2016, S. 201.

43   Lynch, Peter; Rothchild, John, Aktien für Alle, Kulmbach 1992, S. 125.

44   Lynch, Peter; Rothchild, John, Beating the Street, New York 1994, S. 62.

45   Lynch, Peter; Rothchild, John, Aktien für Alle, Kulmbach 1992, S. 93.

46   Train, John, Die Formeln der Erfolgreichsten II, München 2006, S. 217.

47   Vgl. Lynch, Peter; Rothchild, John, Beating the Street, New York 1994, S. 135.

48   Lynch, Peter; Rothchild, John, Der Börse einen Schritt voraus, Kulmbach 2018, S. 64.

49   Lynch, Peter; Rothchild, John, Lynch 3 – Der Weg zum Börsenerfolg, Kulmbach 1997, S. 158.

50   Lynch, Peter; Rothchild, John, Der Börse einen Schritt voraus, Kulmbach 2018, S. 62.

51   Lynch, Peter; Rothchild, John, Learn to Earn, New York 1995, S. 120.

52   Lynch, Peter; Rothchild, John, Lynch 3 – Der Weg zum Börsenerfolg, Kulmbach 1997, S. 157.

53   Lynch, Peter; Rothchild, John, Der Börse einen Schritt voraus, Kulmbach 2018, S. 19.

54   Lynch, Peter; Rothchild, John, One up on Wall Street, New York, 1989, S. 66.

55   Lynch, Peter; Rothchild, John, Aktien für Alle, Kulmbach 1992, S. 18.

56 Lynch, Peter; Rothchild, John, Der Börse einen Schritt voraus, Kulmbach 2018, S. 17.

57 Lynch, Peter; Rothchild, John, Lynch 3 – Der Weg zum Börsenerfolg, Kulmbach 1997, S. 137.

58 Lynch, Peter; Rothchild, John, Der Börse einen Schritt voraus, Kulmbach 2018, S. 82.

59 Lynch, Peter; Rothchild, John, Lynch 3 – Der Weg zum Börsenerfolg, Kulmbach 1997, S. 145.

60 Lynch, Peter; Rothchild, John, Aktien für Alle, Kulmbach 1992, S. 50.

61 Lynch, Peter; Rothchild, John, Learn to Earn, New York 1995, S. 106.

62 Lynch, Peter; Rothchild, John, Aktien für Alle, Kulmbach 1992, S. 56.

63 Lynch, Peter; Rothchild, John, Aktien für Alle, Kulmbach 1992, S. 18.

64 Lynch, Peter; Rothchild, John, Aktien für Alle, Kulmbach 1992, S. 53.

65 Lynch, Peter; Rothchild, John, Lynch 3 – Der Weg zum Börsenerfolg, Kulmbach 1997, S. 167.

66 Lynch, Peter; Rothchild, John, Aktien für Alle, Kulmbach 1992, S. 92.

67 Lynch, Peter; Rothchild, John, Learn to Earn, New York 1995, S. 122.

68 Lynch, Peter; Rothchild, John, Aktien für Alle, Kulmbach 1992, S. 67.

69 Lynch, Peter; Rothchild, John, Aktien für Alle, Kulmbach 1992, S. 92.

70 Lynch, Peter; Rothchild, John, Lynch 3 – Der Weg zum Börsenerfolg, Kulmbach 1997, S. 166.

71 Lynch, Peter; Rothchild, John, Aktien für Alle, Kulmbach 1992, S. 77.

72 Lynch, Peter; Rothchild, John, Lynch 3 – Der Weg zum Börsenerfolg, Kulmbach 1997, S. 166.

73 Lynch, Peter; Rothchild, John, Aktien für Alle, Kulmbach 1992, S. 77.

74 Vgl. Lynch, Peter; Rothchild, John, Lynch 3 – Der Weg zum Börsenerfolg, Kulmbach 1997, S. 324.

75 Lynch, Peter; Rothchild, John, One up on Wall Street, New York, 1989, S. 70.

76 Lynch, Peter; Rothchild, John, Beating the Street, New York 1994, S. 16f.

77 Lynch, Peter; Rothchild, John, Der Börse einen Schritt voraus, Kulmbach 2018, S. 72.

78 Lynch, Peter; Rothchild, John, One up on Wall Street, New York, 1989, S. 71.

79 Lynch, Peter; Rothchild, John, Der Börse einen Schritt voraus, Kulmbach 2018, S. 72.

80 Lynch, Peter; Rothchild, John, Der Börse einen Schritt voraus, Kulmbach 2018, S. 74.

81 Lynch, Peter; Rothchild, John, One up on Wall Street, New York, 1989, S. 273.

82 Lynch, Peter; Rothchild, John, One up on Wall Street, New York, 1989, S. 270.

83 Lynch, Peter; Rothchild, John, One up on Wall Street, New York, 1989, S. 270.

84 Lynch, Peter; Rothchild, John, Aktien für Alle, Kulmbach 1992, S. 28.

85 Vgl. Train, John, Die Formeln der Erfolgreichsten II, München 2006, S. 214.

86 Lynch, Peter; Rothchild, John, Lynch 3 – Der Weg zum Börsenerfolg, Kulmbach 1997, S. 19.

87 Lynch, Peter; Rothchild, John, Aktien für Alle, Kulmbach 1992, S. 29.

88 Lynch, Peter; Rothchild, John, Aktien für Alle, Kulmbach 1992, S. 178.

89 Lynch, Peter; Rothchild, John, Aktien für Alle, Kulmbach 1992, S. 12.

90　Lynch, Peter; Rothchild, John, Aktien für Alle, Kulmbach 1992, S. 97.

91　Lynch, Peter; Rothchild, John, Aktien für Alle, Kulmbach 1992, S. 102.

92　Lynch, Peter; Rothchild, John, Aktien für Alle, Kulmbach 1992, S. 101.

93　Lynch, Peter; Rothchild, John, Aktien für Alle, Kulmbach 1992, S. 329.

94　Lynch, Peter; Rothchild, John, Der Börse einen Schritt voraus, Kulmbach 2018, S. 111. 95.

95　Lynch, Peter; Rothchild, John, Aktien für Alle, Kulmbach 1992, S. 174.

96　Lynch, Peter; Rothchild, John, One up on Wall Street, New York, 1989, S. 42.

97　Lynch, Peter; Rothchild, John, Lynch 3 – Der Weg zum Börsenerfolg, Kulmbach 1997, S. 176.

98　Lynch, Peter; Rothchild, John, Der Börse einen Schritt voraus, Kulmbach 2018, S. 120.

99　Lynch, Peter; Rothchild, John, Der Börse einen Schritt voraus, Kulmbach 2018, S. 212.

100　Arnold, Glen, Die größten Investoren aller Zeiten, Kulmbach 2012, S. 204.

101　Lynch, Peter; Rothchild, John, One up on Wall Street, New York, 1989, S. 199.

102　Lynch, Peter; Rothchild, John, Der Börse einen Schritt voraus, Kulmbach 2018, S. 211.

103　Lynch, Peter; Rothchild, John, Der Börse einen Schritt voraus, Kulmbach 2018, S. 90.

104 Lynch, Peter; Rothchild, John, One up on Wall Street, New York, 1989, S. 173.

105 Lynch, Peter; Rothchild, John, Lynch 3 – Der Weg zum Börsenerfolg, Kulmbach 1997, S. 214.

106 Lynch, Peter; Rothchild, John, Der Börse einen Schritt voraus, Kulmbach 2018, S. 253.

107 Lynch, Peter; Rothchild, John, One up on Wall Street, New York, 1989, S. 202.

108 Lynch, Peter; Rothchild, John, One up on Wall Street, New York, 1989, S. 202.

109 Lynch, Peter; Rothchild, John, Der Börse einen Schritt voraus, Kulmbach 2018, S. 262f.

110 Lynch, Peter; Rothchild, John, One up on Wall Street, New York, 1989, S. 207.

111 Lynch, Peter; Rothchild, John, Der Börse einen Schritt voraus, Kulmbach 2018, S. 264.

112 Lynch, Peter; Rothchild, John, One up on Wall Street, New York, 1989, S. 209.

113 Lynch, Peter; Rothchild, John, Der Börse einen Schritt voraus, Kulmbach 2018, S. 267.

114 Lynch, Peter; Rothchild, John, One up on Wall Street, New York, 1989, S. 214.

115 Lynch, Peter; Rothchild, John, Der Börse einen Schritt voraus, Kulmbach 2018, S. 274.

116 Lynch, Peter; Rothchild, John, Der Börse einen Schritt voraus, Kulmbach 2018, S. 274.

117 Lynch, Peter; Rothchild, John, Der Börse einen Schritt voraus,

Kulmbach 2018, S. 277.

118 Lynch, Peter; Rothchild, John, One up on Wall Street, New York, 1989, S. 215.

119 Vgl. Lynch, Peter; Rothchild, John, Der Börse einen Schritt voraus, Kulmbach 2018, S. 153ff.

120 Vgl. Train, John, Die Formeln der Erfolgreichsten II, München 2006, S. 222.

121 Lynch, Peter; Rothchild, John, Der Börse einen Schritt voraus, Kulmbach 2018, S. 170.

122 Vgl. Train, John, Die Formeln der Erfolgreichsten II, München 2006, S. 216.

123 Lynch, Peter; Rothchild, John, One up on Wall Street, New York, 1989, S. 149ff.

124 Lynch, Peter; Rothchild, John, Der Börse einen Schritt voraus, Kulmbach 2018, S. 18.

125 Vgl. Train, John, Die Formeln der Erfolgreichsten II, München 2006, S. 219f.

126 Lynch, Peter; Rothchild, John, Der Börse einen Schritt voraus, Kulmbach 2018, S. 233.

127 Lynch, Peter; Rothchild, John, Aktien für Alle, Kulmbach 1992, S. 107.

128 Vgl. Lynch, Peter; Rothchild, John, Aktien für Alle, Kulmbach 1992, S. 151.

129 Lynch, Peter; Rothchild, John, Aktien für Alle, Kulmbach 1992, S. 117.

130 Vgl. Train, John, Die Formeln der Erfolgreichsten II, München 2006, S. 215.

131 Lynch, Peter; Rothchild, John, Aktien für Alle, Kulmbach 1992, S. 107.

132 Lynch, Peter; Rothchild, John, Der Börse einen Schritt voraus, Kulmbach 2018, S. 221.

133 Lynch, Peter; Rothchild, John, Aktien für Alle, Kulmbach 1992, S. 107.

134 Lynch, Peter; Rothchild, John, One up on Wall Street, New York, 1989, S. 80.

135 Lynch, Peter; Rothchild, John, Der Börse einen Schritt voraus, Kulmbach 2018, S. 86.

136 Lynch, Peter; Rothchild, John, Lynch 3 – Der Weg zum Börsenerfolg, Kulmbach 1997, S. 171.

137 Lynch, Peter; Rothchild, John, Learn to Earn, New York 1995, S. 13.

138 Lynch, Peter; Rotchild, John, One up on Wall Street, New York, 1989, S. 240.

139 Lynch, Peter; Rothchild, John, Der Börse einen Schritt voraus, Kulmbach 2018, S. 307.

140 Lynch, Peter; Rothchild, John, Der Börse einen Schritt voraus, Kulmbach 2018, S. 21.

141 Balsinger, Peter; Werner, F. (Hrsg.), Die Erfolgsgeheimnisse der Börsenmillionäre, München 2016, S. 204.

142 Lynch, Peter; Rothchild, John, Lynch 3 – Der Weg zum Börsenerfolg, Kulmbach 1997, S. 270.

143 Lynch, Peter; Rothchild, John, Der Börse einen Schritt voraus, Kulmbach 2018, S. 100.

144 Lynch, Peter; Rothchild, John, One up on Wall Street, New York, 1989, S. 237.

145   Lynch, Peter; Rothchild, John, Aktien für Alle, Kulmbach 1992, S. 39.

146   Lynch, Peter; Rothchild, John, Beating the Street, New York 1994, S. 226.

147   Lynch, Peter; Rothchild, John, Aktien für Alle, Kulmbach 1992, S. 330.

148   Lynch, Peter; Rothchild, John, Der Börse einen Schritt voraus, Kulmbach 2018, S. 90.

149   Lynch, Peter; Rothchild, John, One up on Wall Street, New York, 1989, S. 243.

150   Vgl. Lynch, Peter; Rothchild, John, Beating the Street, New York 1994, S. 305ff.

우리가 반드시 기억해야 하는 것은

주식 시장은 언제나 공포스러울 것이며,

늘 걱정거리로 가득할 것이라는 사실이다.

아무도 이 현실에서 자유로울 수는 없다.

더 클래식 **피터 린치**

초판 1쇄 인쇄 2022년 5월 17일
초판 1쇄 발행 2022년 6월 7일

지은이 롤프 모리엔·하인츠 핀켈라우
옮긴이 강영옥
감수 이상건
펴낸이 김선식

경영총괄 김은영
책임편집 성기병 **디자인** 윤유정 **책임마케터** 이고은
콘텐츠사업1팀장 임보윤 **콘텐츠사업1팀** 윤유정, 한다혜, 성기병, 문주연
편집관리팀 조세현, 백설희 **저작권팀** 한승빈, 김재원, 이슬
마케팅본부장 권장규 **마케팅2팀** 이고은, 김지우
미디어홍보본부장 정명찬
홍보팀 안지혜, 김은지, 박재연, 이소영, 이예주, 오수미
뉴미디어팀 허지호, 박지수, 임유나, 송희진, 홍수경
경영관리본부 하미선, 이우철, 박상민, 윤이경, 김재경, 최완규
이지우, 김혜진, 오지영, 김소영, 안혜선, 김진경, 황호준, 양지환
물류관리팀 김형기, 김선진, 한유현, 민주홍, 전태환, 전태연, 양문현
외부스태프 표지 일러스트 손창현

펴낸곳 다산북스 **출판등록** 2005년 12월 23일 제313-2005-00277호
주소 경기도 파주시 회동길 490
전화 02-702-1724 **팩스** 02-703-2219 **이메일** dasanbooks@dasanbooks.com
홈페이지 www.dasan.group **블로그** blog.naver.com/dasan_books
종이 IPP **인쇄** 민언프린텍 **제본** 다온바인텍 **후가공** 제이오엘앤피

ISBN 979-11-306-9071-1 (04320)

다산북스(DASANBOOKS)는 독자 여러분의 책에 관한 아이디어와 원고 투고를 기쁜 마음으로 기다리고 있습니다.
책 출간을 원하는 아이디어가 있으신 분은 다산북스 홈페이지 '투고원고'란으로 간단한 개요와 취지, 연락처 등을 보내주세요.
머뭇거리지 말고 문을 두드리세요.